W0228949

Sandra Niehage, Andrea Schäfers

ADS und ADHS: Was Lehrer tun können

Hintergründe und Diagnose • Hilfen für Elterngespräche •
Materialien für Unterricht und Schulalltag

verlag

Inhaltsverzeichnis

© AOL-Verlag

Übersicht CD-Inhalte

M1_AD(H)S-Kriterienbogen.pdf
M2_Verhaltensbeobachtung.pdf
M3_Situationsabhaengiges_Verhalten.pdf
M4_Verhaltensanalyse.pdf
M5_Checkliste_Elterngespraech.pdf
M6_Rechte_und_Regeln_im_Klassenzimmer.pdf
M7_ Rechte_und_Regeln_im_Klassenzimmer_Blanko.pdf
M8_Regelvertrag.pdf
M9_Vereinbarung_zu_Eskalationen.pdf
M10_Belohnungsplan.pdf
M11_Belohnungsplan_mit_Wochenende.pdf
M12_Belohnungsplan_Blanko.pdf
M13_Wochenplan.pdf
M14_Wochenplan_mit_Schulstunden.pdf
M15_Wochenplan_Blanko.pdf
M16_Denk-Dran-Stundenplan.pdf
M17_Schulranzenpackliste.pdf
M18_Klassenarbeitsplaner.pdf
M19_Mein_Tisch.pdf
M19_Meine_Materialien.pdf
M20_Stopp-Schild.pdf
M21_Arbeitsregeln.pdf
M22_Arbeitsregeln_mit_Notizen.pdf
M23_Aufgaben-Zeit-Management.pdf
M24_Erinnerungskarten_Lehrer.pdf
M25_Erinnerungskarten_Lehrer-Schueler_1.pdf
M25_Erinnerungskarten_Lehrer-Schueler_2.pdf
M25_Erinnerungskarten_Lehrer-Schueler_3.pdf
M26_Erinnerungskarten_Schueler.pdf
M27_Elternmitteilung.pdf

© AOL-Verlag

Liebe Lehrerinnen und Lehrer,

noch ein AD(H)S-Buch? Gibt es davon denn nicht schon genug? Dies waren vielleicht auch Ihre Gedanken, als Sie dieses Buch gesehen haben. Aber trotzdem haben Sie es in die Hand genommen oder bestellt … Wahrscheinlich haben Sie bislang also noch nicht das gefunden, was Ihnen im Umgang mit Ihren AD(H)S-Schülern wirklich weiter-helfen kann.[1] Den Versprechungen wie „echte Hilfen", „praxisnahe Tipps" und „erprobte Konzepte" misstrauen Sie längst. Um Sie zum Weiterlesen zu veranlassen, müssen wir also versuchen, Sie schnell davon zu überzeugen, dass Sie in diesem Buch wirklich etwas anderes erwartet:

Schlagen Sie doch einfach einmal das Buch in der Mitte auf! Was finden Sie? Genau, Materialien. Schlagen Sie noch ein bisschen weiter vorn auf … und ein bisschen weiter hinten ... Was finden Sie da? Immer noch Materialien …

Dieses Buch besteht zu über drei Vier-tel aus Materialien für Sie – die Lehrer! Haben wir Sie überzeugt weiterzule-sen? Dann stellen wir Ihnen jetzt unser Konzept in Ruhe vor:

Auf kaum mehr als zwanzig Seiten erfahren Sie alles, was Sie als Lehrkraft – nicht als Psychologe, nicht als Psychiater, nicht als Sozialpädagoge, sondern als Lehrkraft – über die Aufmerksamkeits-Defizit-Störung mit (ADHS) und ohne Hyperaktivität (ADS) wissen müssen. Dazu gehören kurze, knappe Hintergrundinformationen auf dem neu-esten Stand der Hirnforschung, die Sie befähigen,

- zu verstehen, was in einem AD(H)S-Betroffenen überhaupt vorgeht,
- bei einem AD(H)S-Verdacht richtig zu reagieren,
- den Verdacht zu erhärten,
- Elterngespräche zu führen und
- sich selbst und Ihren Unterricht auf den AD(H)S-Schüler einzustellen.

Fertig! Unserer Ansicht nach müssen Sie keine AD(H)S-Spezialisten werden. Sie ha-ben schließlich viele Schüler mit ganz unterschiedlichen Hintergründen und Problemen (Behinderung, chronische Krankheit, Legasthenie, Dyskalkulie, schwierige soziale oder familiäre Situationen) und können nicht für alles ein Spezialist sein. Aber Sie müssen (leider) mit diesen Hintergründen und Problemen im Unterricht umgehen, d. h. Sie müs-sen grob darüber Bescheid wissen, um was es sich handelt, und wie man damit als Lehrer in Ihrem und dem Sinne aller Schüler zurechtkommt.

---

1 Um die Lesbarkeit des Textes nicht durch das wiederholte Aufzählen von „Lehrerinnen und Lehrern", „Schülerinnen und Schü-lern" usw. zu erschweren, wird im weiteren Verlauf üblicherweise die neutrale (männliche) Form verwendet. Selbstverständlich sind damit zu jeder Zeit Menschen beider Geschlechter gemeint, also sowohl Lehrerinnen als auch Lehrer, Referendarinnen wie Referendare und natürlich Schülerinnen und Schüler, Kolleginnen und Kollegen usw.

© AOL-Verlag

Darum steht nach diesen kurzen Hintergrundinformationen auch sofort das im Mittelpunkt, was Sie als Lehrkraft wirklich brauchen: Materialien, auf die Sie schnell zurückgreifen und mit denen Sie all die „guten Ratschläge" auch umsetzen können. Denn kein Lehrer hat die Zeit, bei der Vielzahl der Schüler für einzelne noch zusätzliche Materialien, Arbeitsanweisungen, Erinnerungen, Elternmitteilungen etc. zu entwerfen …

Das haben wir für Sie getan und, da eine der Autorinnen Lehrerin ist und einige AD(H)S-Schüler unterrichtet, die Materialien selbst im Unterricht ausprobiert, angepasst, ausprobiert, verbessert, ausprobiert ... Darum finden Sie auch zu jedem Material „Wichtige Hinweise" für die Anwendung und „Kriterien für die Einzelfallabwägung". Die Erfahrung hat nämlich gezeigt, dass nicht jedes Material für jeden AD(H)S-Betroffenen gleich gut geeignet ist. Damit Sie schon im Vorfeld abwägen können, welches Material am besten zu welchem Schüler passt, haben wir unsere Abwägungskriterien in Vor- und Nachteile gegliedert. Dies erleichtert Ihnen die Auswahl und je eher Sie die passende Methode für den Schüler gefunden haben, desto geringer ist die Frustration sowohl auf Schüler- als auch auf Ihrer Seite. Bei vielen Materialien finden Sie zusätzlich unterschiedliche Variationen, zwischen denen Sie wählen können, und häufig auch Blanko-Vorlagen, die Sie Ihren und den Bedürfnissen der Schüler gemäß anpassen können.

Damit es, wenn es darauf ankommt, noch schneller geht, finden Sie hinten im Buch eine CD, von der Sie die Materialien auch direkt und in Farbe ausdrucken können.

„Jetzt komm aber ich!"

„Ja, jetzt kommst du!" Zum Schluss möchten wir Ihnen Arthur vorstellen, die Kung-Fu-Ratte. Arthur hat ebenfalls ADHS. Das haben Sie sich wahrscheinlich schon gedacht, da er so gar nicht abwarten kann … Zum Glück hatte Arthur immer Lehrer, die ihm zur Seite standen, und so ist er bisher gut durch die Schule gekommen. Inzwischen ist er ein richtiger Kung-Fu-Meister, wenn es darum geht, seine ADHS auch in der Schule zu meistern. Jetzt möchte er seine Erfahrungen weitergeben und anderen AD(H)S-Schülern im Kampf gegen Unaufmerksamkeit, Fehlerteufel und Vergesslichkeit helfen! Zusammen mit Arthur wünschen wir Ihnen und Ihren Schülern bei dieser Arbeit alles Gute und viel Erfolg!

S. Niehage   A. Schäfers

Sandra Niehage und Andrea Schäfers

© AOL-Verlag

1. Wissenswertes

1.1. ADHS und ADS – Was ist das eigentlich genau?

Aufmerksamkeitsdefizitäre und hyperaktive Störungen zählen heute zu den häufigsten Auffälligkeiten im Kindes- und Jugendalter überhaupt. Es ist davon auszugehen, dass Lehrer heute in jeder Klasse zwei bis drei Schülern mit der Aufmerksamkeits-Defizit-Störung (ADS) oder Aufmerksamkeits-Defizit-Hyperaktivitäts-Störung (ADHS) begegnen. Jungen sind dreimal häufiger betroffen als Mädchen.

Im Unterricht fallen AD(H)S-betroffene Kinder und Jugendliche vor allem dadurch auf, dass sie häufig abgelenkt sind, nicht wissen, worum es im Unterricht gerade geht, vor sich hin träumen, den Unterricht stören, sich effektheischend verhalten, den Klassenclown spielen und – wenn die Hyperaktivität dazukommt – einfach nicht still sitzen können: Sie rutschen auf dem Stuhl herum, kippeln, laufen durch die Klasse, klettern über Tisch und Bänke … Für die Nerven der Lehrer ist dies häufig eine Zerreißprobe. Doch nicht nur der Lehrer reagiert mitunter ablehnend, auch die Mitschüler grenzen AD(H)S-Betroffene vielfach aus, weil sie „nerven", sich „komisch" verhalten und immer eine „Extrawurst" bekommen.

Sicher finden Sie in diesen Beschreibungen auch einige Ihrer Schüler wieder, doch nicht jedes Kind, das solche Symptome zeigt, wird bei genauerer Untersuchung auch mit ADS oder AD(H)S diagnostiziert.

Für eine Diagnose ADS oder ADHS müssen ganz bestimmte Kriterien zutreffen. Die Verhaltensauffälligkeiten in den drei Bereichen **Unaufmerksamkeit, Impulsivität** und **Hyperaktivität** (siehe Tab. 1) müssen in einem deutlich erhöhten Maß vorhanden sein, sie müssen bereits **vor dem 6. Lebensjahr** bestanden haben und **mindestens zwei Lebensbereiche** (also z. B. Schule und Elternhaus) betreffen (Dt. Gesellschaft f. Kinder- und Jugendpsychiatrie et al. 2003).

© AOL-Verlag

Unaufmerksamkeit
Der Betreffende … • … beachtet häufig Einzelheiten nicht oder macht Flüchtigkeitsfehler. • … hat Probleme, längere Zeit die Aufmerksamkeit auf Aufgaben oder Spiele zu richten. • … scheint oftmals nicht zuzuhören, wenn andere mit ihm sprechen. • … führt häufig Anweisungen nicht vollständig aus oder kann Arbeiten (z. B. Schulaufgaben) nicht zu Ende bringen (obwohl er es möchte und die Aufgabenstellung verstanden hat). • … hat oft Schwierigkeiten, Aufgaben und Aktivitäten zu organisieren. • … vermeidet Aufgaben, die länger andauernde Anstrengungen und Konzentration erfordern, bzw. beschäftigt sich nur widerwillig damit. • … verliert häufig Dinge (z. B. Spielsachen, Hausaufgabenhefte, Stifte, Bücher oder Werkzeug). • … vergisst oft Dinge oder Termine. • … lässt sich leicht ablenken.

Hyperaktivität
Der Betreffende … • … zappelt häufig mit den Händen oder Füßen oder rutscht auf seinem Stuhl herum. • … steht oft in Situationen auf, in denen Sitzenbleiben erwartet wird (z. B. während des Unterrichts). • … läuft herum oder klettert oftmals in Situationen, in denen dies unpassend ist (bei Jugendlichen oder Erwachsenen kann dies auf ein subjektives Unruhegefühl beschränkt bleiben). • … hat oftmals Schwierigkeiten, ruhig zu spielen oder sich ruhig zu beschäftigen (auch bei Freizeitaktivitäten). • … zeigt häufig und anhaltend exzessive motorische Aktivität, die weder durch Aufforderungen noch von ihm selbst beeinflussbar scheint. Ist viel „auf Achse".

Impulsivität
Der Betreffende … • … platzt oft mit Antworten heraus, bevor eine Frage zu Ende gestellt ist. • … hat Schwierigkeiten, abzuwarten, bis er an der Reihe ist (im Unterricht, bei Spielen usw.). • … unterbricht und stört andere (platzt z. B. in Gespräche oder in Spiele anderer). • … redet übermäßig viel und kann dabei häufig nicht auf soziale Beschränkungen reagieren.

Tab. 1: Symptome und Kritierien einer ADHS.
(modifiziert nach Döpfner et al. 1997; Döpfner 2000)

© AOL-Verlag

1.2. AD(H)S – in jedem Alter anders!

Die im vorherigen Kapitel genannten Symptome aus den drei Bereichen Unaufmerksamkeit, Hyperaktivität und Impulsivität sind nicht in allen Altersstufen gleichermaßen
ausgeprägt. Es zeigt sich vielmehr ein Symptomverlauf über das Leben (siehe Tab. 2),
der z. T. schon vorgeburtlich im Mutterleib beginnt und sich bis in das Erwachsenenalter
hineinzieht. AD(H)S wächst sich nicht aus!

	ADS	AD(H)S
Säuglings- und Klein- kindalter	• wenig auffällig • verträumt • in sich gekehrt • sehr empfindlich, schnell verletzlich • kontaktscheu, gehemmt	häufig bereits: • unausgeglichen • missgelaunt • oppositionell • motorisch extrem aktiv • wenig ausdauernd • unfallgefährdet • schwer integrierbar • Schlaf- und Essprobleme
Grund- schule	• leichte Ablenkbarkeit, Konzentrationsschwäche • vergesslich, chaotisch • mangelhafte Impulskontrolle (kann nicht warten, ruft hinein, unüberlegtes Handeln, Unfallgefährdung) • Stimmungsschwankungen, geringe Frustrationstoleranz, häufige wüste Beschimpfungen, aber zugleich hoch sensibel • Teilleistungsstörungen, Schulprobleme (Lese-Rechtschreib-Schwäche, Rechenschwäche) • geringes Selbstwertgefühl, fühlt sich immer benachteiligt • kann sich nicht einfügen • Klassenclown • ärgert und quält andere Kinder/Geschwister/Haustiere	
	• häufig verträumt, abwesend	• motorisch übermäßig aktiv (kippelt, läuft herum, klettert …)
5.–8. Klasse	*weiterhin:* • leichte Ablenkbarkeit, Konzentrationsschwäche • vergesslich, chaotisch • mangelhafte Impulskontrolle (kann nicht warten, ruft hinein, unüberlegtes Handeln, Unfallgefährdung) • Stimmungsschwankungen, geringe Frustrationstoleranz • Teilleistungsstörungen, Schulprobleme (Lese-Rechtschreib-Schwäche, Rechenschwäche)	

© AOL-Verlag

	ADS	AD(H)S
	zudem: • miserable, nahezu unleserliche Schrift • extrem wechselnde Schulleistungen je nach Lehrer • schlechte Zeiteinteilung • geringes Selbstwertgefühl, fühlt sich immer benachteiligt, nun häufig mit angeberischer Fassade • „Null-Bock"-Stimmung, Leistungsverweigerung, Schuleschwänzen • erhöhte Kriminalitätsgefährdung (erste, kleinere Diebstähle, frühzeitiger Alkohol- und Zigarettenkonsum)	
		• motorisch übermäßig aktiv (kippelt, läuft herum, klettert …) • z. T. unberechenbare Aggressivität
ab 9. Klasse	*weiterhin:* • leichte Ablenkbarkeit, Konzentrationsschwäche • vergesslich, chaotisch • mangelhafte Impulskontrolle (kann nicht warten, unüberlegtes Handeln) • Schulprobleme *zudem:* • geringes Selbstwertgefühl, nun gepaart mit Existenz- und Verlustängsten, fühlt sich immer benachteiligt • Desinteresse an Schule, Leistungsverweigerung • erhöhte Alkohol-, Drogen-, Kriminalitätsgefährdung und Suizidneigung • leichte Ideologisierbarkeit	
		• motorische Unruhe lässt deutlich nach • starker Aktionismus (Unfallgefährdung, häufiger in Autounfälle verwickelt)
Erwachsenenalter	Die Störung besteht im Erwachsenenalter fort, insbesondere bei ungünstigem Verlauf und unzureichender Langzeitbehandlung im Kindes- und Jugendalter. Sie zeigt sich durch: • Desorganisation im privaten und beruflichen Bereich (häufige Arbeitsplatzwechsel) • oftmals geringer sozioökonomischer Status • innere Unruhe • Stimmungsschwankungen • Antriebs- und Konzentrationsstörungen • erhöhte Alkohol-, Drogengefährdung	

Tab. 2: Symptomverlauf von AD(H)S in den verschiedenen Altersstufen.
(zusammengestellt aus Lehmkuhl und Döpfner 2003, Schäfers et al. 2005)

© AOL-Verlag

1.3. Nicht alles ist ein Problem – positive Eigenschaften von AD(H)S-Kindern und -Jugendlichen

Bei all den Problemen, die AD(H)S-Kinder und -Jugendliche haben und ihrer Umgebung bereiten, geraten positive Eigenschaften, die die Störung ebenfalls mit sich bringt, meist in den Hintergrund. AD(H)S-Betroffene zeichnen sich durch eine starke und im Vergleich zu anderen Menschen erhöhte Emotionalität aus. Hieraus resultieren eine erhöhte Hilfsbereitschaft und Fürsorglichkeit, ein ausgeprägter Gerechtigkeitssinn und ein sehr genaues Gespür dafür, welcher Mensch es gut und welcher es böse meint. Dabei haben sie eine entschuldigende Wesensart und sind nicht nachtragend. AD(H)S-Kinder und -Jugendliche zeigen zudem eine erhöhte Begeisterungsfähigkeit. Sie sind in der Lage, sich zu hyperfokussieren, d.h., wenn sie eine Sache begeistert und fesselt, können sie sich mehr als andere nur auf diese eine Sache konzentrieren. Viele AD(H)S-Betroffene haben besondere Wahrnehmungsfähigkeiten und eine ausgesprochene Kreativität (ausführliche Darstellung bei Neuhaus 1996).

1.4. Was passiert im Gehirn eines ADS- oder ADHS-Kindes bzw. -Jugendlichen?

Die neuropsychologischen Symptome der ADS und ADHS haben eine neurobiologische Grundlage, d.h. im Gehirn der Betroffenen können typische Veränderungen im Vergleich zu Nichtbetroffenen nachgewiesen werden. Im Zentrum stehen dabei zwei Gehirngebiete und wichtige Botenstoffe.

Das eine Gehirngebiet ist das **Striatum**, das für das Zulassen oder die Hemmung von **Bewegungen** zuständig ist. Das zweite Gebiet ist das **Stirnhirn**, das an allen höheren Funktionen des Gehirns beteiligt ist. Hierzu zählen vor allem Leistungen des **Arbeitsgedächtnisses**, strategische **Handlungsplanung**, **Handlungshemmung** und **soziales Verhalten**. Durch bildgebende Verfahren lassen sich in diesen beiden Bereichen bei AD(H)S-Betroffenen auch anatomische Veränderungen nachweisen.

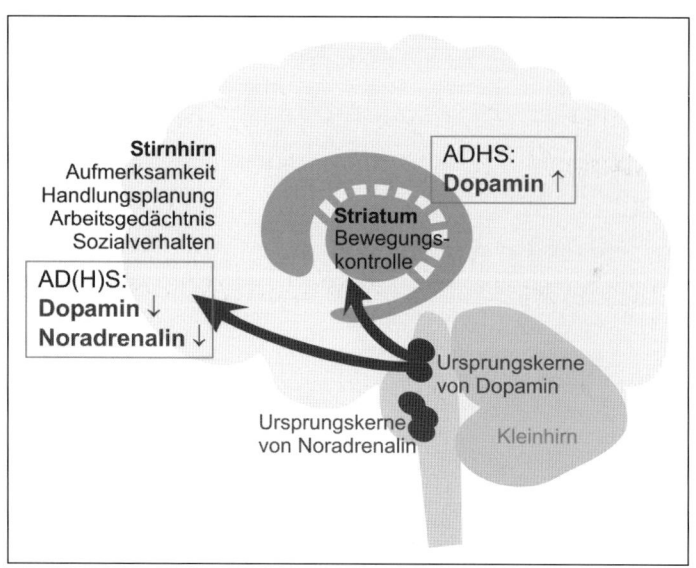

Abb. 1: Dopamin und Noradrenalin in Striatum und Stirnhirn von AD(H)S-Betroffenen.
Es kommt zu einem Dopamin- und Noradrenalinmangel im Stirnhirn und zu einem Dopaminüberschuss im Striatum. Die Pfeile zeigen die Reifungskurve von Dopamin (vgl. Exkurs 1).

© AOL-Verlag

Die entscheidenden Botenstoffe, deren Konzentration und Vorkommen bei AD(H)S sowohl im Striatum als auch im Stirnhirn verändert sind, sind **Dopamin** und **Noradrenalin**. Dopamin spielt im Striatum bei der Bewegungskontrolle eine wichtige Rolle. Im Stirnhirn sind sowohl Dopamin als auch Noradrenalin an Aufmerksamkeits- und Kontrollprozessen beteiligt.

Bei AD(H)S zeigt sich im **Striatum** ein **Dopamin-Überschuss**, der zu **motorischer Unruhe** und **Bewegungsenthemmung** führt. Im Stirnhirn hingegen ist die Konzentration sowohl von Dopamin als auch von Noradrenalin erniedrigt, wodurch es zu **Beeinträchtigungen im Arbeitsgedächtnis**, in der **Handlungsplanung und -kontrolle** sowie in der **Steuerung von sozial angemessenem Verhalten** kommt.

Es gibt die Vermutung, dass dieses Dopamin-Ungleichgewicht zwischen Stirnhirn (zu wenig Dopamin) und Striatum (zu viel Dopamin) durch eine Beeinträchtigung oder Verzögerung in der Reifung des Dopamin-Systems (bei Interesse siehe Exkurs 1) hervorgerufen wird. Demnach könnte es sich bei AD(H)S um eine Entwicklungsverzögerung bzw. -störung handeln. Diese Annahme deckt sich mit Beobachtungen, dass sich AD(H)S *unter geeigneter Behandlung* bis ins Erwachsenenalter „auswachsen" kann, nämlich möglicherweise eben dann, wenn eine Nachreifung des Dopamin-Systems veranlasst werden kann.

Exkurs 1: Die Reifung des Dopamin-Systems

Die Nervenbahnen, die Dopamin als Botenstoff nutzen, reifen erst nach der Geburt und sehr langsam. Die Reifung vollzieht sich von tiefen Kerngebieten im hinteren Bereich des Gehirns langsam bis ins Stirnhirn (siehe Abb. 1). Dabei kommt es zunächst zu einem Überschuss „auf halber Strecke", wo auch das Striatum liegt. Erst im Alter von etwa 20 Jahren ist die Dopaminversorgung im Stirnhirn voll ausgereift und im Striatum auf das Erwachsenenniveau reduziert.

1.5.   Wie entstehen ADS und ADHS?

Es gibt (leider) nicht die *eine* Ursache von AD(H)S. Es ist vielmehr ein Zusammenspiel verschiedener Faktoren, das zu den neurobiologischen Veränderungen und schließlich zur psychologischen Ausprägung der Störung führt.

Zu Beginn dieses Kapitels ist es wichtig, mit zwei häufig verbreiteten Vorurteilen bzw. Pauschalaussagen aufzuräumen:
1. AD(H)S ist **kein Erziehungsfehler!** Die Eltern sind nicht „schuld" an der Störung ihres Kindes.
2. AD(H)S ist auch **keine Erbkrankheit!** Dies wird gern aus einigen Studien zur genetischen Disposition abgeleitet und dann als Entschuldigung dafür genommen, warum man „ja sowieso nichts daran ändern kann".

© AOL-Verlag

Es gibt aber zweifellos eine **genetische Komponente**. Man spricht von einer vererbten Vulnerabilität, d. h. die Veranlagung, eine ADS oder ADHS zu entwickeln, wird vererbt. Manche Menschen sind somit anfälliger für AD(H)S als andere.

Zu dieser genetischen Veranlagung müssen dann noch verschiedene äußere Faktoren hinzukommen, damit sich eine AD(H)S entwickelt.

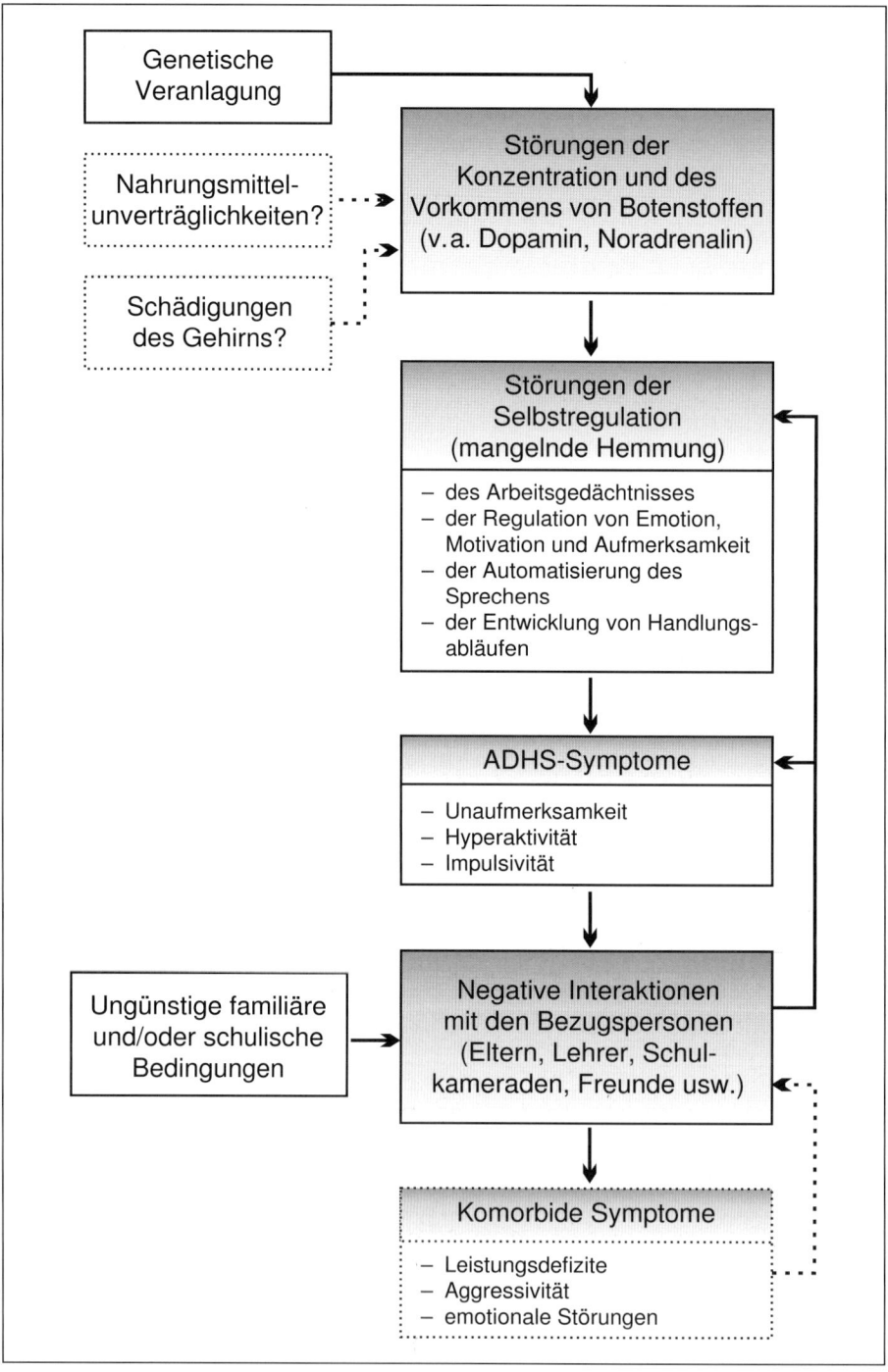

Abb. 2: Biopsychosoziales Modell zur Entstehung von AD(H)S.
AD(H)S liegt eine Störung in der Konzentration und dem Vorkommen von Botenstoffen (v. a. Dopamin und Noradrenalin in Striatum und Stirnhirn) zugrunde. Diese Störung kann auf einer genetischen Grundlage (vererbte Anfälligkeit) entstehen, wenn weitere externe Faktoren hinzukommen. Ungünstige Bedingungen / Interaktionen in Elternhaus und Schule führen zu einer Verschlechterung der Symptome – ein Teufelskreis entsteht. Weitere komorbide Symptome, d. h. weitere Störungen oder Erkrankungen, können hinzukommen (modifiziert nach Döpfner 2000).

© AOL-Verlag

Zu diesen Faktoren zählen Schädigungen des Zentralnervensystems, wie sie bei **Schwangerschafts-** (virale Infektionen, toxische Schädigungen) oder **Geburtskomplikationen** (auch geringes Geburtsgewicht) auftreten können. **Nahrungsmittelallergien oder -unverträglichkeiten** scheinen bei einigen – allerdings wenigen – AD(H)S-Betroffenen ebenfalls eine Rolle zu spielen.

Maßgeblichen Einfluss auf die Entstehung, Ausprägung und Unterhaltung der Störung hat auch das **soziale Umfeld**. Studien zeigen eine Häufung der AD(H)S unter ungünstigen familiären Bedingungen, d. h. unvollständigen Familien, Familien mit geringem sozioökonomischen Status, zu kleinen Wohnungen und psychischen Störungen der Mutter (ausführliche Informationen z. B. bei Scahill et al. 1999, Barkley et al. 1993).

Negative Interaktionen zwischen Eltern und Kindern tragen darüber hinaus auch maßgeblich zu einer Aufrechterhaltung der Störung bei. Es zeigt sich, dass Eltern ihre hyperkinetischen Kinder häufiger ermahnen und sich ihnen gegenüber in negativer Weise äußern. Dies ist natürlich auch als eine Folge der Störung zu sehen, sodass negative Interaktionen zu einem Teufelskreis werden, den es zu durchbrechen gilt.

Psychosoziale und familiäre Faktoren haben damit keine primäre ursächliche Bedeutung bei der Entstehung von AD(H)S, sie müssen aber als ein entscheidender Beitrag zur Manifestation und zum Schweregrad der Störung angesehen werden.

1.6.   Vom ersten Verdacht zur Diagnose

Viele AD(H)S-Ratgeber stellen zu diesem Thema ganz ausführliche Informationen zusammen, von diagnostischen Kriterien nach ICD-10 oder DSM-IV bis zur Differentialdiagnostik ... Viele Lehrer – und vielleicht auch Sie – werden sich fragen: „Wofür brauche ich das?" Die Antwort ist einfach: Diagnostische Kriterien, Differentialdiagnostik & Co. brauchen Sie als Lehrer gar nicht! Die Diagnosestellung gehört in die Hand eines Facharztes für Kinder- und Jugendpsychiatrie und -psychotherapie oder eines speziell weitergebildeten Facharztes für Kinder- und Jugendmedizin. Sie gehört weder in die Hände von Lehrern noch in die der an Schulen tätigen Sozialpädagogen!

Dennoch kommt Lehrern eine besondere Rolle innerhalb des Diagnoseprozesses zu. Sie gehören nämlich mit zu den ersten, die die Störung überhaupt mitbekommen. Darum sollten Sie wissen, was AD(H)S ausmacht, und Ihren Verdacht selbst anhand einiger Punkte überprüfen können, um dann gut vorbereitet weitere Schritte einzuleiten. Oftmals müssen Sie nämlich in ein Elterngespräch gehen und nicht selten schlägt Ihnen dabei wenig Zuspruch seitens der Eltern entgegen.

© AOL-Verlag

1.6.1. Ein erster Verdacht – was nun?

1. Den Verdacht erhärten

AD(H)S äußert sich in jedem Alter anders (vgl. Kap. 1.2.). AD(H)S kann sich aber auch bei jedem Schüler ein wenig anders darstellen. Dies erschwert – insbesondere für den Laien – die klare Identifizierung der Störung. Um aber in einem Gespräch mit den Eltern oder den Sozialpädagogen/-psychologen der Schule nicht „ohne alles" dazustehen, empfiehlt es sich, den Verdacht erst einmal für sich selbst zu erhärten und zu überprüfen. Am einfachsten ist dies mithilfe eines kurzen Kriterienbogens (M1), der schnell einen Eindruck vermittelt, ob eine weitere Abklärung sinnvoll erscheint. Auch eine weitergehende Verhaltensbeobachtung des Schülers kann Aufschluss über das Ausmaß der Problematik geben (M2). Häufig tritt das unerwünschte oder störende Verhalten nur in einigen, wenigen Situationen auf (Auch wenn es eigentlich immer da zu sein scheint!). Hier kann eine Situationsanalyse bei der Abklärung helfen (M3).

2. Suchen Sie das frühe Gespräch mit den Eltern!

Suchen Sie frühzeitig den Kontakt zu den Eltern und bitten Sie sie um ein Gespräch. Je stärker die Situation eskaliert, desto schwerer wird es, sie in den Griff zu bekommen.

Bereiten Sie das Elterngespräch gut vor:

- Planen Sie ausreichend Zeit für das Gespräch ein (mindestens 20 Minuten)! Das Telefon eignet sich für solche Gespräche nicht.

- Bringen Sie Ihre Unterlagen zu Ihren Beobachtungen mit! Idealerweise haben Sie auch Rückmeldungen anderer Lehrer über den betroffenen Schüler.

- Notieren Sie sich die wesentlichen Punkte der Problematik!

- Notieren Sie sich unbedingt auch positive Eigenschaften des Schülers!

- Schaffen Sie eine vertrauensvolle Atmosphäre!

  Tipp: Benutzen Sie das Blatt „Checkliste Elterngespräch" (M5) als Vorbereitung und Grundlage für das Gespräch. Eltern reagieren in Gesprächen über mögliche Störungen oder Defizite ihres Kindes sehr unterschiedlich – von Aggression, Verleugnung, Beschuldigungen gegen die Lehrkräfte bis hin zu eigenen Schuldgefühlen und Verzweiflung. Eine schriftliche Grundlage, auf der Sie alle wichtigen Punkte für das Gespräch festgehalten haben, stellt sicher, dass Sie im Gespräch nicht den Faden verlieren und nicht vergessen, Aspekte, die Ihnen wichtig sind, anzusprechen.

© AOL-Verlag

Tipps für das Elterngespräch:

- Bewahren Sie Ruhe und behalten Sie die Gefühle im Griff! Eltern fühlen sich schnell angegriffen. Häufig haben sie auch schon eine lange Leidensgeschichte mit Schuldzuweisungen, Ablehnung und Ausgrenzung hinter sich. Da können die Gefühle schnell „hochkochen".

- Vermitteln Sie Ihr Interesse an dem Kind / Jugendlichen!

- Benennen Sie erst schulische Leistungsschwächen, dann die Verhaltensprobleme.

- Schildern Sie Verhaltensprobleme so wertfrei wie möglich! Nehmen Sie die Beobachterrolle ein, nicht die des durch die Verhaltensauffälligkeiten Betroffenen oder Behelligten! Vermeiden Sie Anschuldigungen an Kind / Jugendlichen oder Eltern!

- Nennen Sie auch positive Eigenschaften des Kindes oder Jugendlichen!

- Ermutigen Sie die Eltern dazu, von häuslichen Erfahrungen zu berichten, denn AD(H)S betrifft mindestens zwei Lebensbereiche!

- Überlegen Sie gemeinsam, wie Sie dem Kind oder Jugendlichen am besten helfen können! Signalisieren Sie, dass Sie Teil des Teams sind, dessen Ziel es ist, das Kind / den Jugendlichen zu unterstützen!

- Machen Sie Lösungsvorschläge und lassen Sie die Eltern Lösungsvorschläge machen!

- Signalisieren Sie Kooperationsbereitschaft auch in Bezug auf externe, professionelle Hilfe, sofern Sie dazu bereit sind!

- Vereinbaren Sie ggf. einen neuen Termin oder ein Telefonat, um sich über den Verlauf oder die Wirksamkeit von etwaigen Interventionen auszutauschen (z. B. in 2 Wochen).

1.6.2. Ärztliche / Psychiatrische AD(H)S-Diagnostik

Wenn Sie einen ersten Verdacht auf ADS oder AD(H)S geäußert haben, interessiert es Sie vielleicht, wie es dann weitergeht. Oder Sie erfahren, dass einer Ihrer Schüler AD(H)S hat, und möchten wissen, wie eine solche Diagnose überhaupt zustande kommt? Vielleicht sind Sie auch von den Eltern, dem Sozialpädagogen oder Psychologen angesprochen worden, bei der Diagnosestellung mitzuwirken, indem Sie Fragebögen ausfüllen? In all diesen Fällen könnte Sie auch das folgende Kapitel noch interessieren! Ansonsten können Sie es auch einfach überspringen …

Störungsspezifische Diagnostik

Die Basis der störungsspezifischen Diagnostik bilden die Exploration der Eltern, der Erzieher bzw. Lehrer sowie je nach Alter auch verstärkt die des Kindes oder Jugendlichen selbst durch einen Facharzt für Kinder- und Jugendpsychiatrie und -psychotherapie, einen speziell weitergebildeten Facharzt für Kinder- und Jugendmedizin oder einen klinischen Psychologen.

© AOL-Verlag

Zum einen geschieht dies in Gesprächen, in denen über das Verhalten und die Situationen, in denen das Verhalten auftritt, ebenso gesprochen wird wie über die familiären Rahmenbedingungen. Zur letzteren, der Familienanamnese, gehören Erkrankungen von Familienmitgliedern, die Berufe der Eltern, die Organisation der Familie und des Tages, ebenso wie Krankheiten des Kindes oder Jugendlichen selbst, Schwangerschafts- und/oder Geburtskomplikationen (vgl. Schäfer 2000; Dt. Ges. f. Kinder- und Jugendpsychiatrie 2003).

Zum anderen bilden zusätzlich zu den Gesprächen Fragebögen eine wichtige Grundlage, um Verhaltensauffälligkeiten und die betroffenen Situationen genauer zu detektieren. Diese werden vornehmlich von den Eltern ausgefüllt, aber auch Selbsteinschätzungsskalen für Jugendliche und Kinder kommen je nach Alter des Betroffenen zum Einsatz. Darüber hinaus werden gerne auch Lehrer in die Diagnostik mit einbezogen und gebeten, vom Alltag zu berichten oder speziell für Lehrkräfte konzipierte Fragebögen auszufüllen. Dies ist insbesondere wichtig, da sich Verhaltensauffälligkeiten und Aufmerksamkeitsstörungen in einer Untersuchungs- oder Testsituation häufig nicht in dem Maße zeigen, wie sie es im Schulalltag tun. Im Gegenteil: Eine spielerische Diagnostik, in der sich der Arzt oder Therapeut ausgiebig mit dem Kind oder Jugendlichen beschäftigt, kann so viel Spaß machen und so aufregend sein, dass Aufmerksamkeitsstörung und Hyperaktivität in dieser Situation kaum oder überhaupt nicht zum Tragen kommen.

Differentialdiagnostik

Neben der störungsspezifischen Diagnostik gehören zur Basisdiagnostik auch internistische und neurologische Untersuchungen, um andere

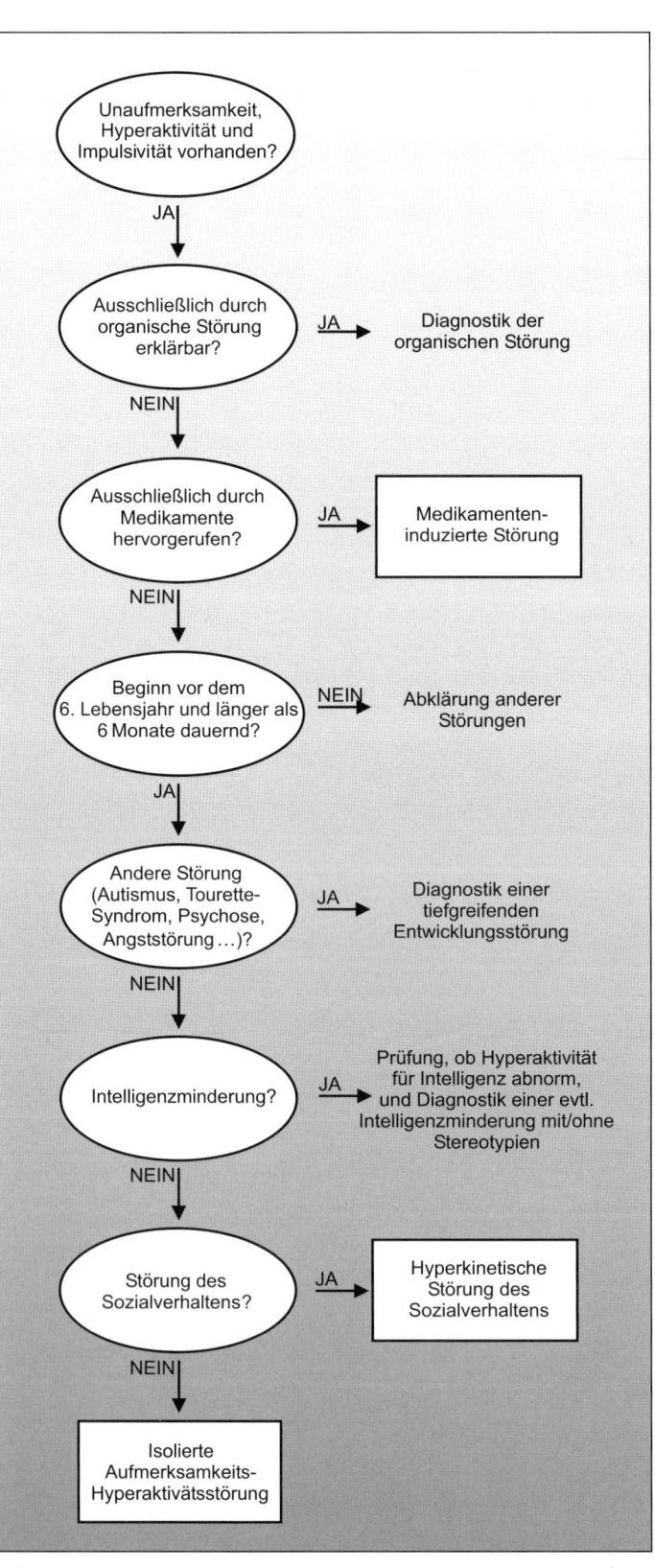

Abb. 3: Komplizierter Weg der Diagnostik.
(gekürzt und vereinfacht nach Döpfner und Lehmkuhl 2003)

© AOL-Verlag

Erkrankungen oder Störungen auszuschließen bzw. abzugrenzen. Hierzu gehören Seh- oder Hörstörungen, Folgen von Schädel-Hirn-Verletzungen, Anfallsleiden, ausgeprägte Schlafstörungen, Medikamenteneffekte u. v .m. Darüber hinaus werden von psychologischer Seite Intelligenztests, Testungen der Konzentrationsfähigkeit, der Aufmerksamkeit und Aufmerksamkeitsspanne sowie zu Teilleistungsstörungen wie Lese-Rechtschreibschwäche oder Dyskalkulie durchgeführt (Schäfer 2000; Döpfner 2000).

Bei der gesamten Diagnostik ist es wichtig, die Grenze zwischen noch altersgemäßem, wenn auch lebhaftem Verhalten und hyperaktiver Störung zu ziehen.

1.6.3. Umstrittene Diagnose

Während viele Schulmediziner AD(H)S heute als Krankheit verstehen, bezweifeln manche Fachleute (und sicher auch mancher Laie bei der Häufung der Diagnose in den letzten Jahren ...), dass überhaupt alle AD(H)S-Betroffenen unter derselben Störung leiden. Sie halten die Diagnose AD(H)S vielmehr für einen Sammeltopf ganz verschiedener Störungen. Dies können Entwicklungsverzögerungen, Wahrnehmungsstörungen, Legasthenie, Dyskalkulie, Hör- oder Sehprobleme, psychomotorische oder klassische Verhaltensstörungen sein. In der Tat wird der Diagnostik, wie sie oben beschrieben wurde und von den diagnostischen Leitlinien empfohlen wird, nur selten ausreichend Zeit eingeräumt. Leider geschieht es nicht selten, dass ein Haus- oder Kinderarzt oder auch ein schulischer Sozialpädagoge mal eben einen Fragebogen ausfüllt und schon steht die Diagnose AD(H)S. Bei einer solchen Diagnostik ist dann meist auch die rasche Verschreibung eines Psychopharmakons nicht mehr weit.

Hier stellt sich natürlich die Frage, inwieweit Sie sich als Lehrerin oder Lehrer in diesem Fall engagieren können oder wollen. Haben Sie aber die Möglichkeit es zu tun, sollten Sie eine fachliche Diagnostik gemäß den diagnostischen Leitlinien anregen! Sie stellt die Basis für eine anschließende ausgewogene Therapie dar.

1.7. Therapie

Heute herrscht weitgehend Einigkeit darüber, dass das **multimodale Behandlungskonzept**, d.h. die Kombination verschiedener therapeutischer und pharmakologischer Ansätze, die beste Behandlungsform der AD(H)S darstellt. Der Hamburger Arbeitskreis ADS / ADHS unterteilt die Therapiemaßnahmen dabei in **obligate** und **fakultative Maßnahmen**.

© AOL-Verlag

1.7.1. Obligate Therapiemaßnahmen

An erster Stelle der obligaten Therapiemaßnahmen steht die **Aufklärung** des betroffenen Kindes oder Jugendlichen, seiner Eltern und aller mit ihm in Kontakt stehenden Personen, d. h. auch der Erzieher bzw. Lehrer. Dies ist so bedeutsam, weil allein durch das Wissen und die Kenntnis der Störung und dem Verständnis dafür, dass das Verhalten des Kindes keine Provokation und kein „böser Wille" ist, entstandene Konflikte in der Eltern-Kind-, Lehrer- / Erzieher-Kind oder auch allgemein Kind-Mitmenschen-Beziehung bereits entschärft und kommende Konflikte besser gemeistert werden können. Im Zentrum bei dieser sogenannten **Psychoedukation** steht das persönliche Gespräch, unterstützt durch Informationsbroschüren, Elternratgeber und Ratschläge für Lehrer. Spezielle Elterntrainings, in denen die Eltern lernen, durch Strukturierung des Umfeldes, Bereitstellung von Hilfen und durch gezieltes Eingreifen sowie ihre Erziehung die Situation zu verbessern, können helfen, werden aber leider immer noch nicht flächendeckend angeboten.

Für das Kind oder den Jugendlichen selbst ist die **kognitive Verhaltenstherapie** von zentraler Bedeutung. In dieser soll das Kind oder der Jugendliche lernen, seine Hyperaktivität zu kanalisieren, seine Intensität und Ausdauer sowohl im Spiel als auch in der Schule und bei den Hausaufgaben zu verbessern, seine Impulsivität und sein unorganisiertes Verhalten zu vermindern und sein Problemverhalten zu modifizieren.

Oftmals erreichen diese beiden Maßnahmen, Psychoedukation und Verhaltenstherapie, bereits eine deutliche Verbesserung der Situation. Ist dies dennoch nicht der Fall, können weitere Maßnahmen notwendig werden.

1.7.2. Fakultative Therapiemaßnahmen

Eine **fakultative** Therapiemaßnahme stellt die medikamentöse Therapie dar. Ihre Indikation ist immer dann gegeben, wenn die Symptomatik so ausgeprägt und situationsübergreifend ist, dass deutliche Beeinträchtigungen im Leistungs- und sozialen Bereich vorliegen, die den Leidensdruck für Kind und Eltern unzumutbar machen und eine Gefahr für die Entwicklung des Kindes darstellen. Manchmal werden durch eine medikamentöse Therapie überhaupt erst andere Therapiemaßnahmen wie Psychoedukation und Verhaltenstherapie mit dem Kind oder Jugendlichen möglich.

Medikamente – Psychostimulanzien

Psychostimulanzien stellen die Medikation der ersten Wahl dar, da ihre Wirksamkeit, v. a. die Kurzwirksamkeit, durch alle Altersstufen hindurch gut belegt ist (Spencer et al. 1996). Die Substanz, die dabei in der Regel zum Einsatz kommt, ist **Methylphenidat**, besser bekannt unter dem Handelsnamen **Ritalin**®. Methylphenidat ist eine amphetaminähnliche Substanz und fällt somit unter das Betäubungsmittelgesetz. Wie andere Stimulanzien (Amphetamin (Ecstasy, Crystal Meth) wirkt sie in hohen Dosen konzentrationssteigernd und aufputschend, indem sie die Noradrenalin- und Dopaminkonzentra-

© AOL-Verlag

tion im Gehirn erhöht. Bei Kindern und Jugendlichen mit AD(H)S zeigt sich die Wirkung einer niedrigen, sogenannten **therapeutischen Dosis** jedoch in einer Steigerung der Aufmerksamkeitsspanne, der Konzentrationsfähigkeit, der Leistungs- und Entscheidungsbereitschaft sowie in einer Herabsetzung der Impulsivität und der ungerichteten motorischen Unruhe.

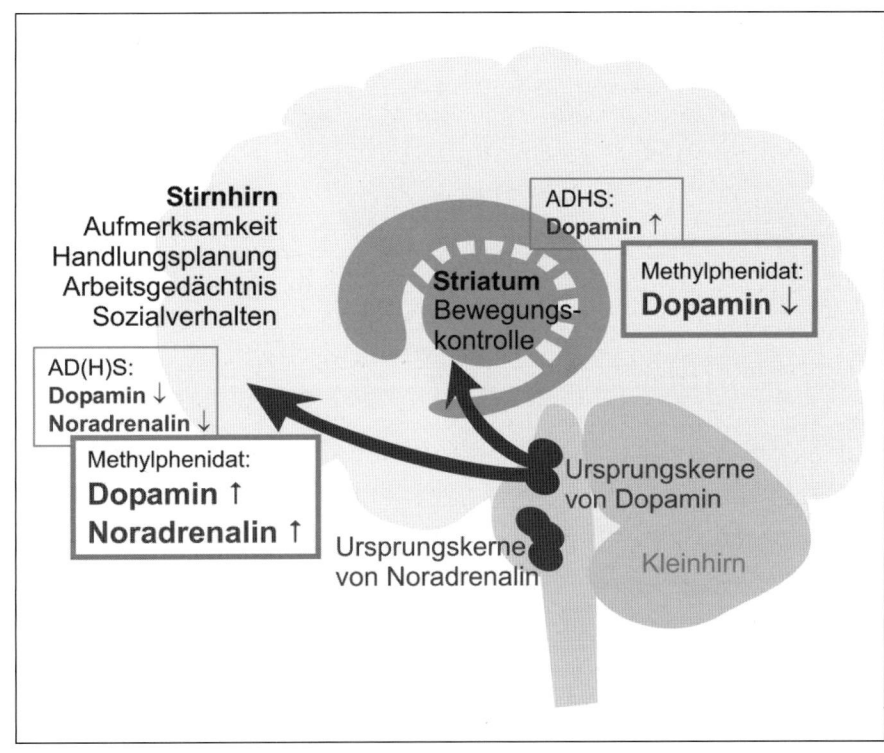

Abb. 4: Wirkungen von Methylphenidat (Ritalin®) im Gehirn von AD(H)S-Betroffenen.

Diese Wirkung ist verwunderlich und wird auch als **paradoxe Wirkung** bezeichnet. Sie ist auf ein regulierendes Eingreifen des Medikaments in genau die Botenstoffsysteme (Dopamin und Noradrenalin), die an der Entstehung der AD(H)S maßgeblich beteiligt sind, zurückzuführen (vgl. Kap. 1.4.). Dabei wird der Dopaminmangel im Stirnhirn ausgeglichen, wodurch es zu erhöhter Aufmerksamkeit und Konzentration kommt. Im Striatum hingegen wird die Dopaminkonzentration über einen spezifischen Mechanismus herabgesetzt (bei Interesse siehe auch Exkurs 2). Eine Verminderung der Unruhe und der Impulsivität ist die Folge.

Die therapeutische Verabreichung von Ritalin® erfolgt in der Regel in Form von Tabletten, die verhaltensregulierende Wirkung setzt nach etwa einer Stunde ein und hält für drei bis vier Stunden an. Retardpräparate mit verzögerter Freisetzung des Wirkstoffs können die Wirkdauer auf bis zu acht Stunden erhöhen. Die Einstellung wird mit einer niedrigen Dosis des Medikaments begonnen, dann wird die Dosis langsam erhöht, bis der gewünschte Symptomrückgang erreicht ist. Es gilt die Regel „so viel wie nötig, so wenig wie möglich".

Exkurs 2: Die paradoxe Wirkung von Methylphenidat (Ritalin®) im Striatum von AD(H)S-Betroffenen

Auf AD(H)S-Betroffene haben moderate Dosen von Methylphenidat eine beruhigende Wirkung, obwohl ein weiterer Dopaminanstieg im Striatum, in dem bei Betroffenen ohnehin eine erhöhte Dopaminkonzentration besteht, zu gesteigerter Unruhe führen müsste (**paradoxe Wirkung**).

© AOL-Verlag

Um diese paradoxe Wirkung zu verstehen, muss man wissen, dass Dopamin nicht nur auf einen Nervenimpuls hin ausgeschüttet wird, sondern auch stetig in den Intervallen zwischen den Impulsen. Beide Ausschüttungen sind voneinander abhängig. Es konnte nämlich gezeigt werden, dass niedrige Stimulanzien-Dosen, wie sie zur Therapie von AD(H)S eingesetzt werden, zu einer höheren Dopaminkonzentration zwischen den Impulsen und einer relativ dazu geringeren Dopaminausschüttung auf einen Impuls hin führen. Verantwortlich für diesen Effekt sind bestimmte Andockstellen auf der ausschüttenden Zelle (Autorezeptoren), die bei erhöhter Dopaminkonzentration die weitere Ausschüttung von Dopamin auf einen Nervenimpuls hin verringern (Solanto 2002).

Funktionell kann man sich dies wie einen Filter vorstellen, der durch das Medikament schärfer eingestellt wird, sodass kleine Reize herausgefiltert, stärkere deutlich abgeschwächt werden. Der Betroffene muss nicht mehr auf jede Kleinigkeit reagieren, wird weniger impulsiv und ruhiger.

Höhere Methylphenidat-Dosen, wie sie z. B. beim Missbrauch der Substanz als Droge vorkommen, überfordern die Kompensationsmöglichkeiten der Autorezeptoren. Bekannte Stimulanzieneffekte mit erhöhter Unruhe sind die Folge (Seeman & Madras 2002; Solanto 2002).

Als kurzfristige Nebenwirkung einer therapeutischen Ritalin®-Gabe kann es zu Appetitmangel und zu leichten Kopf- und Bauchschmerzen kommen. Um Schlafstörungen zu verhindern, wird Methylphenidat nur morgens und eventuell zusätzlich mittags gegeben, nicht aber abends. Die Langzeitwirkungen oder Nebenwirkungen von Methylphenidat sind bislang immer noch recht spärlich untersucht. Als gesichert kann jedoch gelten, dass Methylphenidat im Gehirn eine morphogene, d. h. gestaltverändernde, Wirkung auf Botenstoffe, Nervenzellen und ihre Verbindungen ausübt. Dies muss jedoch nicht zwingend als negativ bewertet werden. Erste Indizien aus Tierversuchen legen nahe, dass Methylphenidat in therapeutischer Dosis in der Lage **sein könnte**, den Dopaminmangel im Stirnhirn von AD(H)S-Betroffenen langfristig sogar zu normalisieren (vgl. Grund et al. 2008).

Bringt die Gabe von Methylphenidat keinen oder keinen zufriedenstellenden Erfolg, können auch Amphetamine oder andere amphetaminähnliche Stoffe (z. B. Pemolin (Tradon®), Fenetyllin (Captagon®) zum Einsatz kommen.

In der Regel lassen sich durch diese Präparate die Kernsymptome, d. h. die motorische Unruhe und die Aufmerksamkeitsstörungen, deutlich vermindern, ohne dabei die Lernfähigkeit zu beeinträchtigen. Ist dies nicht der Fall oder ist das Kind zu jung für eine Stimulanzientherapie, so können Mittel gegen Depressionen oder Epilepsie angewendet werden, deren Kosten-Nutzen-Faktor aber deutlich unter dem der Stimulanzien liegt.

© AOL-Verlag

1.7.3. Ritalin® und Schulleistungen

In zwei Publikationen hat der Pädagoge Walter (2001a, b) die Forschungsergebnisse der letzten Jahre zur Wirkung von Methylphenidat auf die Schulleistungen von Kindern und Jugendlichen mit AD(H)S zusammengefasst und ausgewertet. Dabei fand er heraus, dass Lehrer subjektiv die Schulleistungen beim größten Teil der AD(H)S-Schüler unter der Therapie als verbessert beurteilen. Objektive Testverfahren konnten jedoch keine Verbesserung der kognitiven Fähigkeiten und spezifischen Leistungen wie Lesen, Rechnen und Schreiben bestätigen. Diese Diskrepanz macht deutlich, dass die Hauptwirkung der Stimulanzientherapie in einer Reduktion der Kernsymptome, also einer Verbesserung der Aufmerksamkeit und der Verminderung von Impulsivität und Hyperaktivität, liegt. Dies führt dazu, dass sich die Kinder und Jugendlichen besser in die Klasse und den Unterricht integrieren, weniger auffallen und stören und zu besserer Mitarbeit und besseren schulischen Leistungen in der Lage sind. Die fehlende Verbesserung der kognitiven Fähigkeiten und spezifischen Leistungen zeigt aber auch, dass eine Therapie mit Methylphenidat keine Wissens- und Kompetenzdefizite ausgleichen kann.

1.7.4. Erst Psychostimulanz, dann Drogenabhängigkeit?

Da Amphetamine unter das Betäubungsmittelgesetz fallen und auch zu den beliebten „Partydrogen" zählen, wird immer wieder das Risiko eines Substanzmissbrauchs diskutiert. Liegt beim Kind oder Jugendlichen selbst oder in seinem direkten Umfeld bereits ein Medikamenten- oder Drogenmissbrauch vor, so darf auch keine Therapie mit Psychostimulanzien durchgeführt werden. Ansonsten konnte aber gezeigt werden, dass der Einsatz von Psychostimulanzien aufgrund seiner positiven Effekte auf die Störung AD(H)S – und damit auch auf die seelische Verfassung der Betroffenen – in der Lage ist, das Risiko eines Drogenmissbrauchs eher zu senken als zu erhöhen (Lojewski et al. 2002).

1.7.5. Weitere fakultative Therapiemaßnahmen

Psychotherapie kann angebracht sein, wenn bei dem Kind oder Jugendlichen bereits Selbstwertprobleme oder depressive Verstimmungen aufgetreten sind. Hier kommen Einzel-, Gruppen oder auch Familientherapien in Betracht.
Da Nahrungsmittelallergien und -unverträglichkeiten nur eine untergeordnete Rolle spielen, sollten bestimmte Diätmaßnahmen nur dann erfolgen, wenn ein eindeutiger Zusammenhang zwischen Nahrungsmitteln und der Störung nachgewiesen wurde.
Als wenig oder überhaupt nicht wirksam in der Therapie der AD(H)S haben sich Entspannungsverfahren (z. B. Autogenes Training), tiefenpsychologische Therapien, Mototherapie, Krankengymnastik, Psychomotorik, Ergotherapie und auch alternative Therapien wie Kinesiologie, Klang- und Festhaltetherapie, Homöopathie, Bachblüten- oder Algentherapie erwiesen.

© AOL-Verlag

1.8.   Pädagogik, Schule und Lehrer als Baustein der Therapie

In seinen Arbeiten macht der eben bereits zitierte Pädagoge Walter sehr deutlich, dass eine multimodale Kombinationsbehandlung durchaus zu guten objektivierbaren Leistungsverbesserungen in der Schule führen kann. Neben den genannten verhaltenstherapeutischen und medikamentösen Maßnahmen sieht er dabei insbesondere die pädagogisch-didaktischen Maßnahmen als wichtiges Kriterium für den Erfolg an.

Darum sollen im Folgenden Maßnahmen aufgeführt werden, die AD(H)S-Kindern und -Jugendlichen helfen können, in der Schule zurechtzukommen. Als Nebeneffekt dieser Maßnahmen kann sich die Lernumgebung für alle Schüler wieder verbessern und wieder ein „normaler" Unterricht möglich werden.

- **Die persönliche Einstellung gegenüber dem Kind oder Jugendlichen**
  Aufgrund ihrer hohen Emotionalität spüren AD(H)S-Betroffene sehr genau, ob sie jemand mag oder nicht. Versuchen Sie dem Betroffenen möglichst positiv zu begegnen, auch wenn es nicht immer ganz einfach ist! Konzentrieren Sie sich auf positive Eigenschaften und Verhaltensweisen! Dies sollte aber nicht in zu viel Nachsicht münden, denn damit ist ihm auch nicht geholfen.

- **Stellen Sie klare Regeln auf und achten Sie auf deren Einhaltung – immer!**
  AD(H)S-Schüler benötigen Regeln zur Orientierung. Für den Anfang sollten es nicht zu viele Regeln sein – aufstocken kann man immer noch. Es bietet sich an, dass diese Regeln für alle in der Klasse gelten. Sie können dann gut sichtbar für alle aufgehängt werden (siehe M6, M7). Auch Regelverträge (M8) mit dem betroffenen Schüler können helfen. Wenn sich beide Parteien einig sind, fällt das Einhalten ebenso leichter wie die Konsequenzen bei Nichteinhaltung. Wichtig: Regeln müssen einhundertprozentig eingehalten werden, es darf keine Ausnahmen geben. Der Lehrer sollte liebevoll stur sein. Ein „Nein" muss ein „Nein" bleiben – auch mit einem Lächeln!

- **Positive Verstärkung**
  Die hohe Emotionalität von AD(H)S-Betroffenen spricht auf Lob und Bestätigung ebenso gut an wie auf Kritik und Bestrafung. Regeleinhaltungen sollten darum immer auch belohnt werden. Dies kann einfach durch Blicke, Kopfnicken oder Lob geschehen. Wichtig ist es auch, nicht nur den Enderfolg, sondern bereits Teilfortschritte zu loben. Darüber hinaus können Belohnungspläne helfen (M10–M12), das gewünschte Verhalten leichter einzuhalten. Die Punkte können jeweils nach der Stunde vergeben werden. So werden die Nachteile direkter Belohnung (z. B. Bevorzugung gegenüber den anderen Schülern) vermieden und nebenbei können auch die Eltern über Fortschritte informiert werden.

© AOL-Verlag

- **Für Ruhe sorgen**

  Sorgen Sie für Ruhe im Klassenraum! Ansonsten hat ein AD(H)S-Schüler keine Chance, sich zu konzentrieren (dies gilt übrigens auch für viele andere Kinder). Frontalunterricht eignet sich am besten, da der Geräuschpegel bei Gruppenarbeiten deutlich ansteigt. Zudem gilt: Je unstrukturierter der Unterricht, desto störender sind hyperaktive Kinder und Jugendliche.

- **Ablenkungen vermeiden**

  Für AD(H)S-Kinder und -Jugendliche ist alles gleich spannend. Aufgrund der Reiz-Filter-Schwäche hat die Ankündigung der nächsten Klassenarbeit die gleiche Bedeutung wie der herunterfallende Anspitzer des Sitznachbarn. Ein Einzeltisch vorne beim Lehrerpult oder an der Seite kann Ablenkungen vermindern. Zudem bietet die räumliche Nähe die Möglichkeit, nonverbal besser mit dem Schüler zu kommunizieren. Berührungen an der Schulter, um ihn wieder in den Unterricht zurückzuholen, oder das Ablegen von Erinnerungskärtchen mit der entsprechenden Botschaft oder Erinnerung (M25) können unbemerkt von den Mitschülern geschehen. Nicht unterschätzen sollte man jedoch, wie spannend auch ein Lehrerpult und die dort ausliegenden Unterlagen sein können. Sorgt ein solcher Platz ebenfalls für zu viel Ablenkung, kann ein anderer Platz neben einem ruhigen, ausgeglichenen Mitschüler die bessere Alternative sein. Gruppentische sollten auf jeden Fall vermieden werden!

- **Bewegungsdrang kanalisieren**

  Der Bewegungsdrang von AD(H)S-betroffenen Kindern und Jugendlichen ist weder vom Lehrer noch vom Schüler selbst zu unterdrücken. Darum muss ihm aktiv begegnet und für Kanalisierung gesorgt werden. Insbesondere wenn mehrere Schüler in der Klasse betroffen sind (oder einfach nur schlecht still sitzen können), bietet es sich an, in den Unterricht geleitete Bewegungsphasen für alle einzubauen. Ist dies nicht möglich, so kann der betreffende Schüler einfach eine Runde „um den Block" geschickt werden. Gerade in den höheren Klassen fühlen sich manche Schüler dadurch aber stigmatisiert und reagieren ablehnend. Die Absprache eines geheimen Zeichens oder das Ablegen einer entsprechenden Erinnerungskarte können hier helfen, damit der betreffende Schüler weniger Aufmerksamkeit auf sich zieht. Noch besser ist es, dem Bewegungsdrang eine Aufgabe zu geben. Tafelputzen, Kreideholen u. Ä. sind Aufgaben, die der Schüler gern erledigen wird, da sie zudem das Verantwortungs- und Selbstbewusstsein stärken. Lassen Sie unauffällige und kaum störende Tätigkeiten und Bewegungen (wie Stifteanspitzen oder Malen) einfach zu – am besten auch in Absprache mit den Kollegen!

- **„Überhitzung" vermeiden**

  Greifen Sie frühzeitig ein! Ist der Zug der übermäßigen Erregung erst einmal ins Rollen gekommen, ist er nur noch schwer zu stoppen! Verbale Kritik, Ermahnen und Drohen nützen in diesem Moment wenig, da sie das Erregungsniveau nur noch weiter erhöhen. Setzen Sie einfach eine Zäsur mit einem kurzen „Stopp" oder einer humorvollen Bemerkung! Ideal sind in solchen Momenten auch nonverbale (möglicherweise sogar vorab abgesprochene) Verhaltensäußerungen wie das wortlose Weg-

© AOL-Verlag

nehmen eines Gegenstandes, das Berühren an der Schulter oder das Tippen auf das Heft. Erinnerungskarten mit kurzen Anordnungen, einem Stoppschild oder der gelben bzw. roten Karte (M25) können unterstützend eingesetzt werden. Nutzen Sie auch die Modulationsmöglichkeiten Ihrer Stimme, um gezielt Aufmerksamkeit wieder herzustellen, ohne dafür den Unterricht unterbrechen zu müssen!

- **Lassen Sie sich nicht provozieren!**
  Reagieren Sie ruhig und direktiv auf verbale Androhungen oder Verweigerungen des Schülers! Bitte moralisieren Sie sein Verhalten nicht! Stellen Sie ihn nicht bloß und machen Sie ihn nicht lächerlich! Sie werden damit keine dauerhaften Erfolge erzielen, sondern die Situation für die Zukunft nur verschlimmern. Praktizieren Sie lieber eine souveräne, intensive pädagogische Führung!

- **Wenn alles nichts mehr hilft – Time-out!**
  Wenn auch die besten Regeln, Vorsätze und Strukturen einmal scheitern und das Kind oder der Jugendliche die Kontrolle verliert, ist es Zeit für ein „Time-out". Machen Sie sich und auch dem betreffenden Kind oder Jugendlichen klar, dass dies keine Bestrafung ist, sondern eine Chance für ihn, sich zu beruhigen! Kündigen Sie das Time-out an, z. B. erst durch eine gelbe, dann eine rote und schließlich die Time-out-Karte (M25)! Vermeiden Sie Unruhe! Schicken Sie den Schüler möglichst ruhig aus dem Raum oder führen Sie ihn hinaus! Stoßen Sie bei den ersten Malen auf zu starken Widerstand, holen Sie sich Hilfe von Kollegen! Brechen Sie niemals ab – dann hat das Kind oder der Jugendliche gewonnen und der Widerstand wächst!

  Normalerweise besteht nicht die Gefahr, dass der Betroffene vor dem Raum weggeht. Sollte dies aber doch einmal der Fall sein, so können Sie auch auf die alte Methode des „Klinkeherunterdrückens" zurückgreifen. Auszeiten im Sekretariat oder beim Direktor sind keine Alternative, da es dort zu spannend ist! Manche Schulen haben auch einen Trainingsraum, in den die Schüler geschickt werden können, wenn die Situation für den Betroffenen, die Klasse und den Unterricht nicht mehr tolerabel ist. Hier wird mit einem betreuenden Lehrer das Verhalten bzw. die Situation rekapituliert. Anschließend findet ein Rückkopplungsgespräch mit dem Lehrer des entsprechenden Unterrichts statt.

- **Äußere Ordnung sorgt für innere Ordnung**
  AD(H)S ist eine Störung der Selbstregulation und Selbststrukturierung, sodass eine deutliche Fremdstrukturierung von außen notwendig wird. Dies beginnt bereits auf dem Tisch. Es sollte eine klare Ordnung herrschen und vor dem Unterricht sollte alles für die entsprechende Stunde bereitliegen. Dabei kann ein Tischübersichtsplan für die einzelnen Stunden helfen (M19). Aufgaben sollten vorstrukturiert werden, indem sie in kleine Arbeitsschritte unterteilt werden. Zudem sollte der betroffene Schüler animiert werden, seine Aufgaben selbst zu strukturieren und Schritt für Schritt anzugehen (z. B. durch klare Arbeitsregeln (M21, M22)). Zum einen fallen die Aufgaben

© AOL-Verlag

dann leichter, weil der Berg nicht so erschreckend groß vor dem Schüler liegt, zum anderen wird zu flüchtiges Arbeiten vermieden. AD(H)S-Schüler sind nämlich zumeist die ersten, die mit einer Aufgabe fertig sind, und müssen daher verstärkt zur Kontrolle ihrer Aufgaben angehalten werden (z. B. auch durch Erinnerungskärtchen (M25)).

- **Ziehen Sie die Aufmerksamkeit auf sich!**
  Je spannender Sie sind, desto weniger wird sich ein AD(H)S-Schüler durch andere Dinge ablenken lassen. Durch wechselnde Arbeitsformen und Materialien, die Einbindung von Schülerinteressen und einen handlungsorientierten Unterricht können Sie für ein hohes Aktivierungsniveau sorgen. Zeigen Sie selbst Interesse an Ihrem Stoff und Engagement für die Schüler, so ist die Chance auch groß, dass die Schüler Ihr Interesse teilen können. Eine humorvolle Bemerkung anstelle von Tadel und Bestrafung (was aber natürlich nicht immer möglich ist ...) sorgt zudem für ein entspanntes Klima.

  Nutzen Sie die hohe Emotionalität von AD(H)S-Kindern und -Jugendlichen aus. Wenn Sie für das Kind oder den Jugendlichen bedeutungsvoll sind, können Sie zum „Superreiz" werden! Fühlt sich der Schüler von Ihnen verstanden und ernst genommen, so wird er motivierter arbeiten und sich um ein besseres Verhalten bemühen – für Sie! Davon profitieren Ihre Nerven, Ihr Unterricht und nicht zuletzt die Lern- und Persönlichkeitsentwicklung des Schülers selbst!

- **Stellen Sie Augenkontakt her!**
  Wenn Sie möchten, dass der AD(H)S-Schüler etwas tut, richten Sie Aufforderungen nicht pauschal an die Klasse! Ihre Botschaft wird nicht im „AD(H)S-Gehirn" ankommen. Fordern Sie den Schüler auf, Sie direkt anzuschauen, stellen Sie Augenkontakt her! Dann haben Sie schon so gut wie gewonnen! Jetzt können Sie ihn unmittelbar ansprechen! So können Sie sicher sein, dass Ihre Botschaft auch ankommt – und zwar gleich beim ersten Mal!

- **Schüler helfen Schülern**
  Eine wirkungsvolle Intervention gegen die Schusseligkeit und Unkonzentriertheit der AD(H)S-Schüler ist die Methode „Schüler helfen Schülern", die man auch innerhalb einer Klasse anwenden kann. Machen Sie einen Mitschüler zum konkreten Ansprechpartner für den AD(H)S-Betroffenen. Hier kann er nachfragen, wenn er etwas nicht verstanden oder nicht mitbekommen hat, oder wenn nachmittags die Hausaufgaben oder der Termin für die nächste Klassenarbeit nachgefragt werden muss. Wichtig dabei ist, dass dies alles auf freiwilliger Basis geschieht; Sie können niemanden zu dieser Zusammenarbeit zwingen! Fast noch wichtiger ist, dass der helfende Schüler **niemals** die Verantwortung für die Aufgaben des AD(H)S-Betroffenen übertragen bekommt! Sätze wie „Tina, hast du denn nicht darauf geachtet, dass Tobias seine Hausaufgaben aufschreibt?!" sind absolut tabu!

© AOL-Verlag

Die wichtigsten Punkte kurz zusammengefasst

- AD(H)S ist eine Störung des Stoffwechsels wichtiger Botenstoffe im Gehirn (Noradrenalin, Dopamin).
- Neben einer genetischen Komponente spielen verschiedene äußere Faktoren für den Ausbruch der Störung eine Rolle.
- Die Störung äußert sich durch Unaufmerksamkeit, Hyperaktivität und Impulsivität. Dies führt zu Defiziten in der Selbstregulation und -strukturierung sowie der Anpassungsfähigkeit.
- Die Störung tritt mindestens in zwei Lebensbereichen auf und bestand bereits vor dem 6. Lebensjahr.
- Die Diagnose sollte nur ein Facharzt für Kinder- und Jugendpsychiatrie und -psychotherapie oder ein speziell weitergebildeter Facharzt für Kinder- und Jugendmedizin stellen.
- Die Bausteine der Therapie bilden Psychoedukation und Verhaltenstherapie (obligatorisch) sowie evtl. eine medikamentöse Therapie mit Stimulanzien (fakultativ).
- Methylphenidat (Ritalin®) ist eine Psychostimulanz ähnlich dem Amphetamin (Ecstasy), das in moderaten, therapeutischen Dosen im Gehirn von AD(H)S-Betroffenen die Aufmerksamkeit steigert und – paradoxerweise – die Hyperaktivität und Impulsivität vermindert!
- Methylphenidat allein kann die Schulleistungen nicht verbessern!
- AD(H)S ist in hohem Maße verhaltenstherapeutisch und **didaktisch-pädagogisch beeinflussbar!**

© AOL-Verlag

2. Materialteil

Ein Wort vorab zur Arbeit mit den Materialien

Zu jedem Material finden Sie im Folgenden ausführliche Erläuterungen dazu, in welchen Situationen und bei welchen Problemen die jeweilige Methode nützlich und hilfreich sein kann. Anschließend erhalten Sie die wichtigsten Hinweise zur Anwendung und ein Beispiel, wie der Einsatz des Materials aussehen könnte. Eine tabellarische Übersicht liefert die wichtigsten Kriterien für die Einzelfallabwägung. Anhand eigener Erfahrungen sind hier Vor- und Nachteile der Methode (und manchmal Verweise auf mögliche Alternativen) aufgeführt, die Ihnen helfen sollen zu entscheiden, ob diese Methode (oder lieber eine andere) für den Schüler in dieser Situation und bei diesem Problem die optimale ist. Darum haben wir das Material so vielseitig und flexibel gestaltet wie möglich: Ein Schüler, den der Wochenplan überfordert, profitiert vielleicht vom Denk-Dran-Stundenplan oder aber der Schulranzenpackliste … Blanko-Vorlagen der einzelnen Materialien erlauben auch eine flexible Anpassung an besondere Umstände, an die wir hier vielleicht noch nicht gedacht haben.

Bevor Sie nun loslegen …

… müssen Sie aber natürlich dem AD(H)S-Betroffenen erklären, was Sie vorhaben. Hier ein paar Tipps und Hinweise, wie Sie das Gespräch am besten angehen können:

- Der Schüler wird Befürchtungen und Ängste wegen des Gesprächs haben. Sprechen Sie diese am besten gleich zu Beginn konkret an und nehmen Sie ihm diese Ängste, indem Sie darauf hinweisen, dass keine Strafe droht und dieses Gespräch auch keine Auswirkungen auf Noten hat! Weisen Sie auf die Vertraulichkeit des Gesprächs hin!

- Nennen Sie kurz und präzise Ihr Motiv für dieses Gespräch! Machen Sie keine Vorwürfe!

- Lassen Sie den Schüler Ihre Sorge und Ihr Interesse spüren!

- Stellen Sie Fragen (konstruktive W-Fragen): nicht nur nach der Situation in Ihrem Unterricht, sondern auch nach Familie, Freunden, Hobbys, Hausaufgaben, Pausen, dem Klassenverband …

- Zeigen Sie Verständnis und Wertschätzung: „Das ist sicher schwer für dich!", „Das macht dich sicher manchmal wütend?!"

- Respektieren Sie auch, wenn er nichts erzählen möchte!

- Gegebenenfalls vertagen Sie das Gespräch auf einen späteren Zeitpunkt (evtl. mit den Eltern, dem Schulpsychologen …).

- Ist der Schüler bereit, über die Probleme zu sprechen, machen Sie deutlich, dass Sie gern helfen würden!

© AOL-Verlag

- Stellen Sie für spezifische Situationen Möglichkeiten der Hilfestellung vor, die Sie aus den folgenden Materialien entnehmen können!

- Überfrachten Sie den Schüler nicht mit Äußerungen wie „Wir arbeiten jetzt mal dieses Heft durch …" Dies ist sicher nicht zielführend und auch nicht Sinn dieses Buches!

- Treffen Sie klare Abmachungen bezüglich des Einsatzes bestimmter Methoden und Hilfestellungen! Nähere Informationen hierzu finden Sie immer im Kasten „Wichtige Hinweise" in den Erläuterungen zu jedem Material!

- Halten Sie das Ergebnis des Gesprächs abschließend noch einmal kurz fest, damit Sie sicher sein können, dass der Schüler alles verstanden hat! Verabreden Sie einen erneuten Rücksprachetermin, an dem Sie die Interventionen gemeinsam reflektieren und evtl. weitere / andere Strategien absprechen können!

- Wenn Sie mögen, stellen Sie dem AD(H)S-Schüler die Kung-Fu-Ratte Arthur vor, die ihn auf vielen Materialien begleiten und ihn im Kampf durch den Schulalltag unterstützen wird.

Sie fragen sich, wie das alles neben dem normalen Unterrichtsalltag her erledigt und bewältigt werden soll? Diese Frage ist nicht ganz unberechtigt – aber haben Sie vielleicht schon einmal daran gedacht, eine Fördergruppe bzw. Arbeitsgemeinschaft für AD(H)S-Betroffene an Ihrer Schule einzurichten, in der genau diese Maßnahmen besprochen, geübt und reflektiert werden könnten?

© AOL-Verlag

Schülername: _____   Klasse: _____

Kreuzen Sie zunächst die folgenden Aussagen mit „ja" oder „nein" an:

Der Schüler …	ja	nein
● ist auffallend verträumt, zerstreut oder vergesslich.		
● ist auffallend hyperaktiv oder impulsiv.		
● zeigt unerwartete Minderleistungen.		
● wurde erfolglos wegen Legasthenie, Dyskalkulie oder motorischer Störungen behandelt.		
● zeigt andere unerklärliche/störende Verhaltensweisen (Tics, Problemkind …).		

Falls Sie mindestens einmal „ja" angekreuzt haben, überprüfen Sie Ihren Verdacht weiter:

Unaufmerksamkeit Der Schüler …	ja	nein	Impulsivität/Hyperaktivität Der Schüler …	ja	nein
● beachtet bei (Haus-)Aufgaben *häufig* Einzelheiten nicht und macht viele Flüchtigkeitsfehler.			● zappelt *viel* mit Händen und Füßen herum oder rutscht auf dem Stuhl herum.		
● hat im Unterricht *oft* Schwierigkeiten, länger aufmerksam zu sein.			● steht *häufig* auf, wenn eigentlich Sitzenbleiben erwartet wird.		
● hat eine *Abneigung* gegen Aufgaben, bei denen er sich länger anstrengen oder konzentrieren muss (Mitarbeit im Unterricht, Hausaufgaben).			● läuft *häufig* in der Klasse herum oder klettert über Tische und Bänke, auch wenn dies untersagt wird oder unpassend ist.		
● hat *Schwierigkeiten*, bei einer Sache oder Aufgabe zu bleiben.			● zeigt eine extreme Unruhe (die von anderen nicht dauerhaft beeinflusst werden kann) oder beschreibt diese auch selbst.		
● führt Aufgaben oder Anweisungen nicht zu Ende aus/kann Aufgaben nicht zu Ende bringen.			● hat *Schwierigkeiten*, in den Pausen ruhig zu spielen oder sich ruhig mit einer Sache zu beschäftigen.		
● lässt sich *leicht* durch äußere Reize ablenken.			● platzt mit Antworten heraus, ohne sich zu melden oder bevor die Frage zu Ende gestellt wurde.		
● scheint *häufig* nicht zuzuhören.			● redet *übermäßig* viel.		
● vergisst *häufig* Dinge, Aufträge, Materialien.			● kann *schlecht* warten, bis er an der Reihe ist.		
● verliert *häufig* Gegenstände (Hefte, Arbeitszettel etc.).			● stört häufig den Unterricht oder die Mitschüler.		
● hat *Schwierigkeiten*, Aufgaben oder Aktivitäten zu organisieren.			● ist am liebsten „auf Achse", handelt häufig wie „angetrieben".		
Summe der „ja"-Antworten			Summe der „ja"-Antworten		

Ergibt die Summe der „ja"-Antworten in einer oder beiden Spalten jeweils mehr als 4, sollte eine genauere AD(H)S-Diagnostik beim Facharzt für Kinder- und Jugendpsychiatrie und -psychotherapie oder einem speziell weitergebildeten Facharzt für Kinder- und Jugendmedizin erfolgen.

(modifiziert nach Rossi)

© AOL-Verlag

Schülername: _____ Klasse: _____

Kreuzen Sie auf der Skala an, wie sehr das jeweilige Verhalten auf Ihren Schüler zutrifft!

Der Schüler …

- kann sich nur über einen kurzen Zeitraum konzentrieren.

  trifft zu | | | | | | | | | | trifft gar nicht zu

- kann häufig Dinge/Aufgaben nicht zu Ende bringen.

  trifft zu | | | | | | | | | | trifft gar nicht zu

- übersieht Einzelheiten/macht viele Flüchtigkeitsfehler.

  trifft zu | | | | | | | | | | trifft gar nicht zu

- hat Schwierigkeiten, sauber zu arbeiten, und ein unleserliches Schriftbild.

  trifft zu | | | | | | | | | | trifft gar nicht zu

- träumt oft vor sich hin.

  trifft zu | | | | | | | | | | trifft gar nicht zu

- scheint häufig gar nicht zuzuhören.

  trifft zu | | | | | | | | | | trifft gar nicht zu

- lässt sich leicht durch äußere Reize ablenken.

  trifft zu | | | | | | | | | | trifft gar nicht zu

- hat Schwierigkeiten, Aufgaben oder Aktivitäten zu organisieren.

  trifft zu | | | | | | | | | | trifft gar nicht zu

- kann nicht warten, bis er an der Reihe ist.

  trifft zu | | | | | | | | | | trifft gar nicht zu

- vergisst Materialien oder Aufgaben.

  trifft zu | | | | | | | | | | trifft gar nicht zu

- stört häufig den Unterricht und/oder seine Mitschüler.

  trifft zu | | | | | | | | | | trifft gar nicht zu

- zappelt viel mit Händen und Füßen/rutscht auf dem Stuhl herum.

  trifft zu | | | | | | | | | | trifft gar nicht zu

- läuft häufig in der Klasse herum und/oder klettert, wenn es unangemessen ist.

  trifft zu | | | | | | | | | | trifft gar nicht zu

- redet auch, wenn er nicht an der Reihe ist.

  trifft zu | | | | | | | | | | trifft gar nicht zu

- platzt mit Antworten heraus, ohne sich zu melden.

  trifft zu | | | | | | | | | | trifft gar nicht zu

- redet übermäßig viel.

  trifft zu | | | | | | | | | | trifft gar nicht zu

- handelt, als wäre er „getrieben".

  trifft zu | | | | | | | | | | trifft gar nicht zu

© AOL-Verlag

Wenn Sie im Unterricht bei einem Ihrer Schüler Verhaltensauffälligkeiten von Hyperaktivität, Impulsivität und Unaufmerksamkeit beobachten und Sie das Bedürfnis verspüren, in dieser Richtung für den Betreffenden, aber insbesondere auch für sich und Ihren Unterricht, etwas zu unternehmen, sollten Sie Ihren Verdacht zunächst erhärten (vgl. Kapitel 1.6.1.). Dabei ist es wichtig, das Verhalten des Schülers genauer zu beobachten, zu dokumentieren und auf die Kriterien für eine ADS oder ADHS zu überprüfen.

Bei dem AD(H)S-Kriterienbogen (M1) handelt es sich um eine modifizierte Checkliste des Psychologen Pietro Rossi, mit der die wesentlichen Punkte von Unaufmerksamkeit, Hyperaktivität und Impulsivität erfasst werden. Sie vermittelt einen ersten Eindruck, ob eine weitere Abklärung sinnvoll und nötig erscheint. Hierdurch gewinnen Sie eine Grundlage für Gespräche mit den Eltern oder auch mit dem Sozialpädagogen bzw. dem Schulpsychologen.

Eine detailliertere Beobachtung und Dokumentation liefert allerdings die Verhaltensbeobachtung (M2). Hier werden nicht nur die Kriterien einer möglichen AD(H)S erfasst, sondern ebenso das Ausmaß einzelner Symptome oder Auffälligkeiten. Damit gewinnen Sie gleichzeitig einen Eindruck darüber, in welchen Bereichen die deutlichsten Defizite liegen. Diese Beobachtungen können Sie zum einen ebenfalls als Grundlage für anstehende Gespräche nehmen, zum anderen liefern sie Ihnen aber auch erste Anhaltspunkte, in welchen Bereichen oder Situationen Ihres Unterrichts Interventionen oder Hilfestellungen besonders sinnvoll und erfolgversprechend sein könnten.

Wichtige Hinweise:

❗ Es ist immer gut, nicht alleine dazustehen!

- Tauschen Sie sich mit Kolleginnen und Kollegen aus!
- Bitten Sie sie, ebenfalls Beobachtungen vorzunehmen und diese anhand des AD(H)S-Kriterienbogens (M1) und/oder der Verhaltensbeobachtung (M2) zu dokumentieren!

❗ Bedenken Sie bei Ihren Beobachtungen immer, dass diese Checklisten **keine Diagnostik** darstellen und diese auch nicht ersetzen können! Auch wenn sie helfen, Ihren Verdacht zu erhärten, so steht am Ende nicht die Diagnose AD(H)S, sondern **ein erhärteter Verdacht** auf AD(H)S!

© AOL-Verlag

Schülername: _____

Klasse: _____

Kreuzen Sie an, wie auffällig das Verhalten Ihres Schülers in der jeweiligen Situation ist. Bewerten Sie von 1 (wenig stark) bis 10 (sehr stark)!

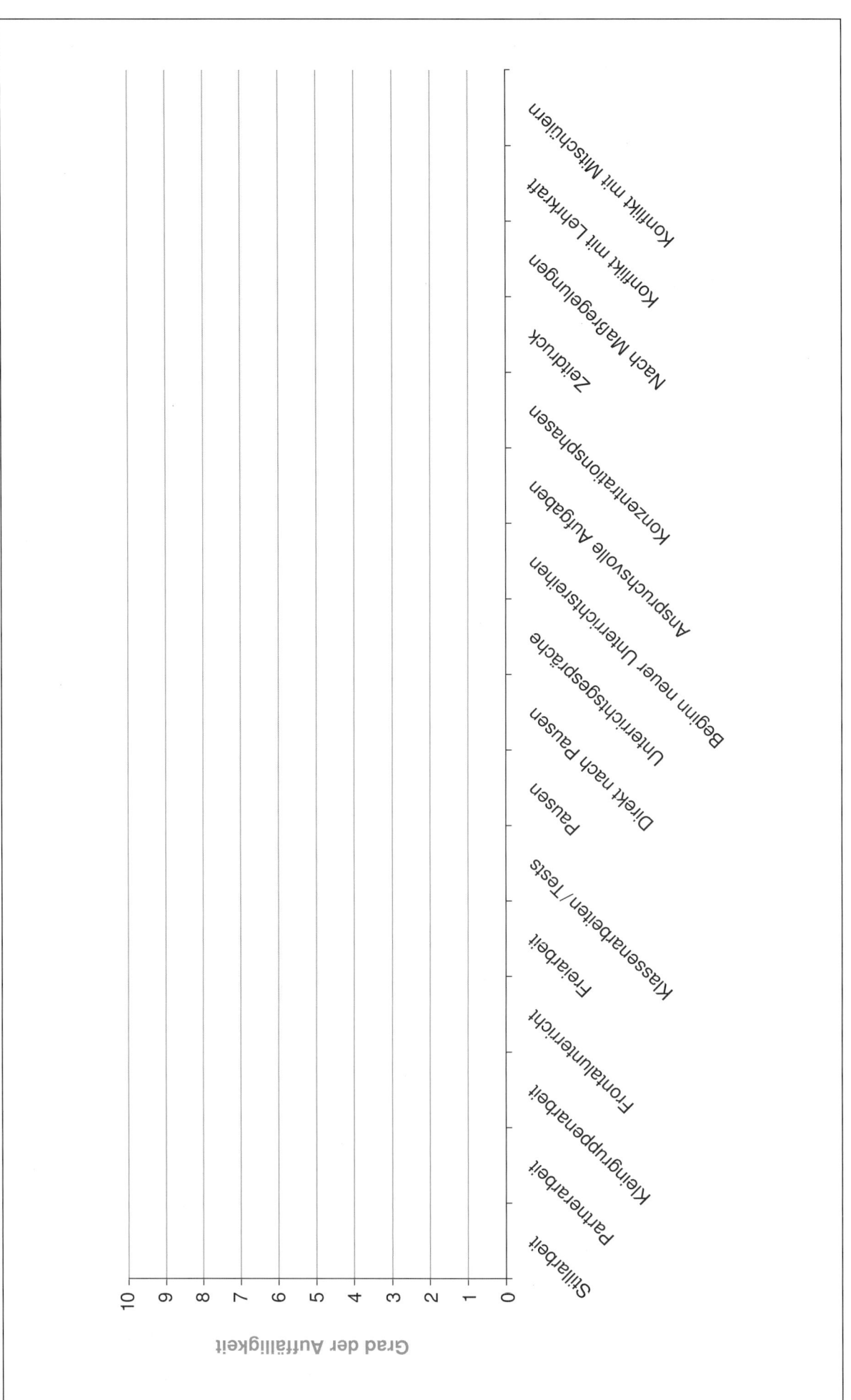

© AOL-Verlag

Häufig treten die Symptome von Unaufmerksamkeit, Hyperaktivität und Impulsivität nicht in allen Situationen auf. Vielleicht haben Sie auch schon bemerkt, dass es durchaus Situationen gibt, in denen der betreffende Schüler wunderbar still sitzen kann, sehr konzentriert arbeitet und hoch motiviert ist. Dies ist sehr typisch für AD(H)S.

Die Situationen genau zu kennen, in denen die Auffälligkeiten besonders stark zum Tragen kommen, kann helfen, Interventionen und Hilfestellungen genau auf diese Situationen zu konzentrieren. Somit ist eine Dokumentation dieses situationsabhängigen Verhaltens (M3) durchaus ein sinnvoller Schritt, um effektiv eine gezielte Verbesserung der Gesamtsituation herbeizuführen. Auch kann die Analyse des situationsabhängigen Verhaltens als Vorbereitung eines Elterngespräches bereits helfen, sich im Gespräch nicht in Allgemeinplätzen („Er stört einfach immer …", „Sie kann sich nie konzentrieren …") zu verlieren, sondern die Probleme situationsbezogen und konstruktiv zum Wohle aller Beteiligten anzugehen.

Hier sehen Sie ein Beispiel, wie eine Eintragung in den Beobachtungsbogen zum situationsabhängigen Verhalten aussehen könnte:

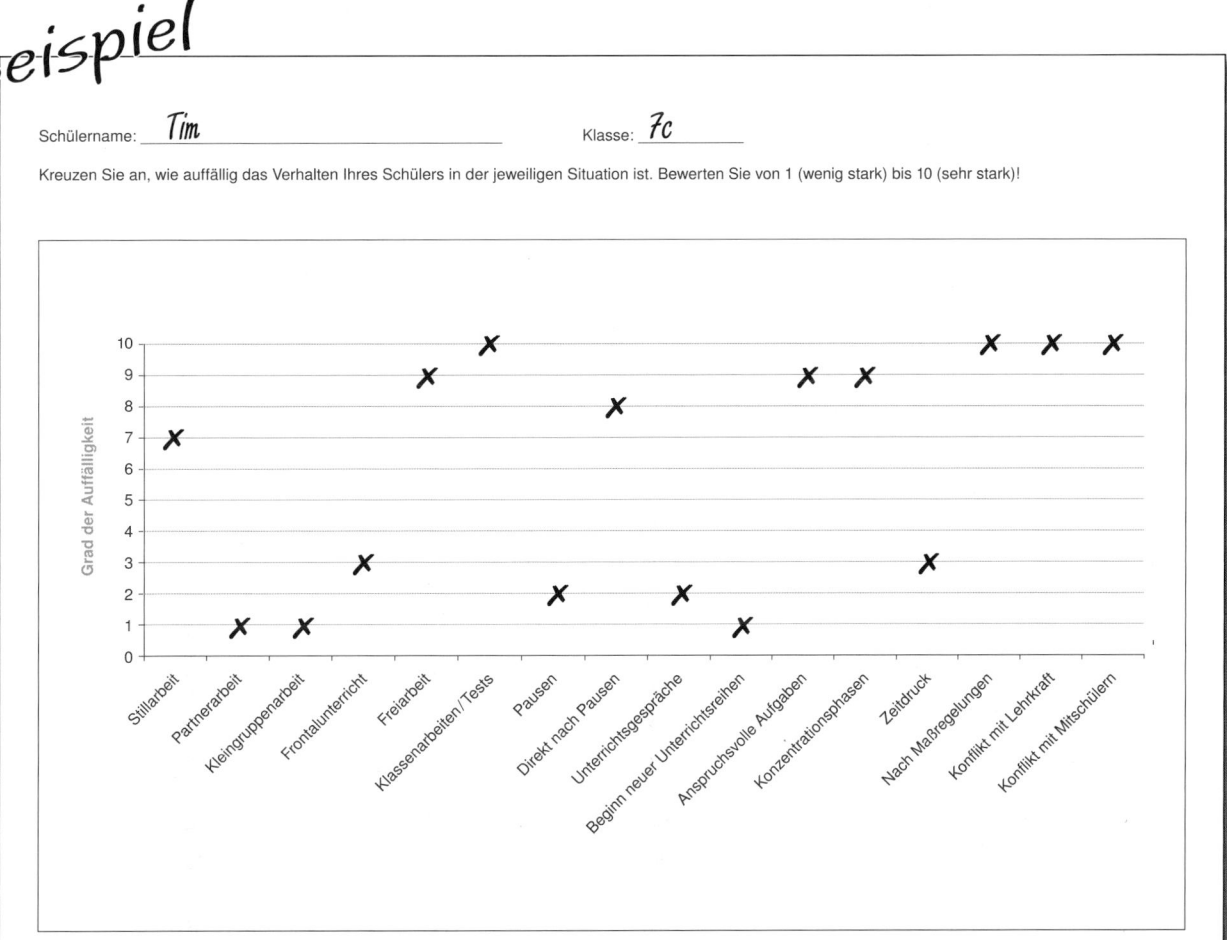

© AOL-Verlag

Schülername: _____

Klasse: _____

Tragen Sie in die zweite Spalte ein, welches Problemverhalten Sie beobachten wollen! Tritt das Problemverhalten auf, analysieren Sie genau, was ihm vorausging (1. Spalte) und was darauf folgte (3. Spalte). In der rechten Spalte ist dann Raum für Interventionsmöglichkeiten, die Sie sich überlegen.

Was ging dem Problemverhalten voraus?	Problemverhalten	Was folgte dem Problemverhalten?	Interventionsmöglichkeiten für zukünftiges Problemverhalten

(modifiziert nach Lauth und Laumann)

© AOL-Verlag

Mit dem Beobachtungsbogen zum situationsabhängigen Verhalten (M3) haben Sie die wesentlichen Situationen, in denen die Defizite des möglicherweise von AD(H)S betroffenen Schülers besonders stark auftreten, herausgefiltert. Dies stellt eine gute zusätzliche Vorbereitung auf ein Gespräch mit den Eltern dar. Darüber hinaus können Sie Ihre auf diese Weise dokumentierten Beobachtungen – wie zu M3 bereits erläutert – für situationsbezogene Hilfestellungen und Interventionen nutzen. Um dies zu tun, kann es sinnvoll sein, sich die betreffenden Situationen genauer anzuschauen. Diese Verhaltensanalyse (M4) lenkt den Blick verstärkt auf das, was dem Problemverhalten vorausging, und das, was ihm folgte. Möglicherweise wird das Problemverhalten in einer Situation von ganz bestimmten Umständen oder Verhaltensweisen der Mitschüler oder Ihnen ausgelöst. Hier bestehen Interventionsmöglichkeiten, um dieses Verhalten zukünftig zu verhindern oder zumindest zu verringern. Ebenso kann eine bestimmte Erwartungshaltung des Schülers ein Problemverhalten bedingen. Möglicherweise setzt der Schüler ein bestimmtes Verhalten unbewusst oder bewusst ein, um z. B. Aufmerksamkeit zu erlangen. Insbesondere die Umstände, die einem Problemverhalten folgen, sind meist schwer zu erkennen. Die Aufmerksamkeit mithilfe der Verhaltensanalyse genau darauf zu lenken, kann helfen, diese Umstände aufzudecken und genau hier zu intervenieren.

© AOL-Verlag

Hier sehen Sie ein Beispiel, wie Eintragungen in die Verhaltensanalyse aussehen könnten:

Beispiel

Schülername: Tim   Klasse: 7c

Tragen Sie in die zweite Spalte ein, welches Problemverhalten Sie beobachten wollen! Tritt das Problemverhalten auf, analysieren Sie auf, was ihm vorausging (1. Spalte) und was darauf folgte (3. Spalte). In der rechten Spalte ist dann Raum für Interventionsmöglichkeiten, die Sie sich überlegen.

Was ging dem Problemverhalten voraus?	Problemverhalten	Was folgte dem Problemverhalten?	Interventionsmöglichkeiten für zukünftiges Problemverhalten
Austeilen der Klassenarbeit. SuS lasen die Aufgaben → sofort kamen erste Fragen, einige stöhnten, es entstand Unruhe.	Tim sprang bei Klassenarbeit auf, warf sein Heft auf den Boden und rief, dass alles zu schwer sei und sie das gar nicht durchgenommen hätten.	Ich schimpfte mit ihm, forderte ihn auf, sein Heft aufzuheben, sich wieder hinzusetzen und mit der Arbeit zu beginnen.	Zu Beginn der Klassenarbeit für absolute Ruhe sorgen! Schüler, die Fragen haben, können sich melden; dann gehe ich zu ihnen hin und kläre Fragen im Einzelgespräch.
Beim Verteilen der Badmintonschläger nach dem Zufallsprinzip erwischte Tim zum wiederholten Male einen alten, schlechten Schläger.	Tim verschlug beim Badminton einen Ball, schlug den Schläger an die Wand und rannte aus der Sporthalle.	Ich holte ihn zurück, verwarnte ihn und drohte ihm beim nächsten Mal Konsequenzen an.	Ich achte zukünftig bei der Verteilung der Schläger darauf, dass wirklich jeder einmal mit einem schlechten Schläger spielen muss. Ich erkläre dieses Vorgehen allen Schülern!
???	Tim beschoss Mitschüler und mich, als ich mit dem Rücken zur Klasse stand, mit Papierkügelchen.	Ich maßregelte ihn, forderte ihn auf, das Verhalten zu unterlassen. Wenn er es weiter mache, bekäme er als zusätzliche Hausaufgabe, aufzuschreiben, warum er das nicht tun soll.	Ich fordere ihn einmal ruhig auf, das Verhalten zu unterlassen. Macht er es weiter, folgt eine sofortige Auszeit. (Ich spreche mit ihm über dieses Vorgehen.)

(modifiziert nach Lauth und Laumann)

© AOL-Verlag

Name des Schülers: _____   *Name der Eltern:* _____

Datum: _____   *Uhrzeit:* _____   *Raum:* _____

- **Ziel(e) des Gespräches:**

  _____

  _____

- *Schulische Leistungsschwächen des Schülers:*

  _____

  _____

- Wichtigste Verhaltensauffälligkeiten (zusammengefasst aus dem AD(H)S-Kriterienbogen (M1) und evtl. auch aus der Verhaltensbeobachtung (M2)):

  Auffälligkeiten im Bereich Unaufmerksamkeit:

  _____

  _____

  Auffälligkeiten im Bereich Impulsivität / Hyperaktivität:

  _____

  _____

  _____

- *Positive Verhaltensweisen des Kindes:*

  _____

  _____

- -

- Erfahrungen der Eltern:

  _____

  _____

Getroffene Vereinbarungen:

_____

_____

_____

© AOL-Verlag

Die Checkliste Elterngespräch (M5) soll für Sie ein roter Faden durch das Elterngespräch sein. Sie kann Ihnen helfen, das Gespräch vorzubereiten und im Gespräch den Faden nicht zu verlieren. Sicherlich kennen Sie den Fall, dass Eltern sich schnell angegriffen fühlen, wenn es um Verhaltensauffälligkeiten ihrer Kinder geht. Eltern hyperaktiver Kinder haben zudem häufig schon eine lange Leidensgeschichte mit Schuldzuweisungen, Ablehnung oder Ausgrenzung hinter sich. Vielleicht sind sie aber auch verzweifelt oder mit der Situation – auch im häuslichen Bereich – überfordert. In einem Elterngespräch können daher Gefühle sehr schnell „hochkochen". Für Sie ist es darum wichtig, Ruhe zu bewahren, eine klare Linie, die Sie sich vorher überlegt haben, einzuhalten und Ihre gewünschten Ziele zu erreichen. Es geht darum, Lösungen zum Wohle des Schülers und Ihrer Nerven zu finden (vgl. Kapitel 1.6.1.).

Wichtige Hinweise:

- Suchen Sie das frühe Gespräch mit den Eltern!

- Planen Sie ausreichend Zeit ein (mindestens 20 Min.) und wählen Sie einen ruhigen Ort, an dem Sie eine vertrauensvolle Atmosphäre schaffen können!

- Notieren Sie sich vorab die wichtigsten Punkte auf der Checkliste Elterngespräch!

- Bringen Sie die Unterlagen zu Ihren Beobachtungen mit!

- Überlegen Sie sich vorab, was IHR Ziel dieses Gespräches ist!

- Gehen Sie während des Gespräches die Punkte auf der Checkliste Elterngespräch in der angegebenen Reihenfolge durch:

  - Sprechen Sie zunächst schulische Leistungen an!
  - Gehen Sie erst dann auf Verhaltensauffälligkeiten ein! Formulieren Sie diese so wertfrei wie möglich!
  - Vergessen Sie positive Verhaltensweisen des Schülers nicht!
  - Ermutigen Sie die Eltern, von zu Hause zu berichten!
    (Zur Erinnerung: AD(H)S betrifft mindestens zwei Lebensbereiche und tritt erstmalig vor dem 6. Lebensjahr auf!)
  - Behalten Sie IHR Ziel im Auge! Was wollen SIE mit diesem Gespräch zum Wohle des Schülers erreichen (Lösungsvorschläge!)?
    - Diagnostik beim Facharzt für Kinder-/Jugendpsychiatrie oder bei speziell weitergebildetem Kinder-/Jugendmediziner
    - Absprache von Maßnahmen in Unterricht und zu Hause
  - Wie wollen Sie mit den Eltern abschließend verbleiben?

© AOL-Verlag

Hier sehen Sie ein Beispiel, wie eine ausgefüllte Checkliste nach einem Elterngespräch aussehen könnte:

Beispiel

Name des Schülers: __Tim__   Name der Eltern: __Stollberg__

Datum: __14.04. 2011__   Uhrzeit: __10:25 Uhr__   Raum: __K 308__

- Ziel(e) des Gespräches:

  1) Es sollte eine genaue AD(H)S-Diagnostik durchgeführt werden (Kinder-/Jugendpsychiater);

  2) Absprache von Maßnahmen für Unterricht und Hausaufgaben

- *Schulische Leistungsschwächen des Schülers:*

  Probleme in den Hauptfächern (Deutsch, Englisch, Mathe); macht viele Flüchtigkeitsfehler;

  Vorgaben für letzte Arbeit nicht gelernt

- Wichtigste Verhaltensauffälligkeiten (zusammengefasst aus dem AD(H)S-Kriterienbogen (M1) und evtl. auch aus der Verhaltensbeobachtung (M2)):

  Auffälligkeiten im Bereich Unaufmerksamkeit:

  Tim hört häufig nicht zu; träumt vor sich hin

  Auffälligkeiten im Bereich Impulsivität/Hyperaktivität:

  ruft in den Unterricht hinein; kann nicht warten, bis er an der Reihe ist;

  kippelt mit dem Stuhl, läuft herum; vergisst häufig Unterlagen; arbeitet sehr unsauber

- *Positive Verhaltensweisen des Kindes:*

  sehr hilfsbereit, zuvorkommend; sehr engagiert in der Technik-AG

- Erfahrungen der Eltern:

  Probleme bei den HA (werden unter Aufsicht der Eltern gemacht): Tim kann nicht still sitzen, ist unkonzentriert;

  häufig Ärger, Streit; lügt wegen der Schule

  > Getroffene Vereinbarungen:
  >
  > *1) Belohnungsplan für Schule und zu Hause; 2) Schulranzenpackliste;*
  >
  > *3) Diagnostik beim Jugendpsychiater (Adressen von Sozialpädagogen besorgen);*
  >
  > *4) Erneutes Gespräch (telefonisch) in drei Wochen*

© AOL-Verlag

Damit alle bei uns im Klassenzimmer der Klasse _____ die gleichen Rechte haben, müssen wir einige Regeln einhalten:

1. **Alle haben das Recht, sich in diesem Raum sicher zu fühlen!**

   ➤ Niemand darf geschlagen, getreten, gestoßen, verletzt oder beklaut werden!

2. **Alle haben das Recht, in diesem Raum freundlich behandelt zu werden!**

   ➤ Niemand darf einen anderen auslachen, missachten, beschimpfen, seine Gefühle verletzen oder ihm Angst machen!

3. **Alle haben das Recht, in diesem Raum sie selbst zu sein!**

   ➤ Niemand darf unfair behandelt werden, nur weil er zu dünn oder zu dick, zu schnell oder zu langsam, ein Junge oder ein Mädchen, einer anderen Hautfarbe oder Religion ist!

4. **Alle haben das Recht, in diesem Raum zuhören zu können. Alle haben das Recht, dass ihnen zugehört wird!**

   ➤ Alle verhalten sich so ruhig wie möglich, lassen sowohl den Lehrer als auch die Mitschüler ausreden und hören ihnen zu!

5. **Alle haben das Recht auf Unterricht und darauf, etwas zu lernen!**

   ➤ Zu Beginn der Stunde sitzen alle auf ihrem Platz und haben ihre Unterlagen bereitliegen, damit mit dem Unterricht begonnen werden kann!

   ➤ Alle erledigen ihre Hausaufgaben, damit der Unterricht weitergehen kann!

   ➤ Niemand stört mutwillig den Unterricht!

   ➤ Toilettengänge werden in der Pause erledigt, damit sie den Unterricht nicht stören!

6. **Gemeinsam sind wir stark!**

   ➤ Wir helfen uns gegenseitig beim Lernen und bei der Umsetzung der Regeln!

Gleiche | für alle | Rechte

© AOL-Verlag

Damit alle bei uns im Klassenzimmer der Klasse _____
die gleichen Rechte haben, müssen wir einige Regeln einhalten:

- _____
  _____
  ➤ _____
  _____
- _____
  _____
  ➤ _____
  _____
- _____
  _____
  ➤ _____
  _____
- _____
  _____
  ➤ _____
  _____
- _____
  _____
  ➤ _____
  _____

© AOL-Verlag

Regeln bieten – wie bereits beschrieben – eine gute und wichtige Orientierung für AD(H)S-Betroffene. Klare Regeln mit den Schülern für das Zusammenleben und -arbeiten in der Klasse zu erarbeiten, ist heute ohnehin fester Bestandteil der Pädagogik – ganz unabhängig von AD(H)S. Regeln erleichtern das Miteinander, weil jeder weiß, was seine Rechte und Pflichten sind. Üblicherweise werden die erarbeiteten Regeln dann gut sichtbar für alle Schüler (und auch den Lehrer) im Klassenraum aufgehängt.

In die gleiche Richtung gehen auch die hier angebotenen Materialien Rechte und Regeln im Klassenzimmer. Dabei sind die vorgeschlagenen Regeln (M6) insbesondere auf die Bedürfnisse von AD(H)S-Betroffenen und die ihrer Mitschüler ausgerichtet: Ruhe, eine angenehme Lernatmosphäre schaffen, alle haben das Recht auf Unterricht und

Kriterien für die Einzelfallabwägung	
Vorteile	**Nachteile**
• Bei richtiger Einführung Identifikation der Schüler mit den Regeln • Förderung eines Bewusstseins für die Bedeutung von Regeln für das soziale Miteinander • Vermeidung von Konflikten bzgl. angemessenen oder nicht angemessenen Verhaltens durch klare und nicht (nur) durch den Lehrer bestimmte Regeln • Kenntnis der Regeln und der Konsequenzen bei Nichteinhaltung → stärkeres Gefühl aufseiten der Schüler, gerecht behandelt zu werden • Reduktion von Unterrichtsstörungen • Erleichterung für den Lehrer, bei Regelverstößen angemessen zu reagieren	• Hoher Zeitaufwand bei der Einführung • Möglicherweise in jeder Klasse andere oder anders formulierte Regeln → Schwierigkeit für den Lehrer, in jeder Klasse die Regeln gerecht und konsequent umzusetzen

Lernen … Wahrscheinlich kommen Ihnen diese Regeln aber auch schon bekannt vor.

Die vorgeschlagenen Regeln können entweder so benutzt werden, wie sie sind, oder als Vorlage dienen, um eigene Regeln mithilfe der Blanko-Vorlage (M7) mit der Klasse zu erarbeiten. Auf jeden Fall sollten die Regeln groß ausgedruckt und für alle gut sichtbar in der Klasse angebracht werden. Für eine längere Haltbarkeit bietet sich eine Laminierung an.

© AOL-Verlag

Wichtige Hinweise:

! Erarbeiten Sie die Regeln gemeinsam mit der Klasse oder sichern Sie, dass die vorgeschlagenen Regeln von allen Schülern verstanden und angenommen wurden!

! Regeln sollten möglichst positiv formuliert werden! Regeln dienen dazu, die Rechte aller in einer Klasse zu sichern! Achten Sie darauf, dass die Regeln gut verständlich formuliert werden!

! Vereinbaren Sie die Konsequenzen bei Verstößen gegen die Regeln!

! Bringen Sie die Regeln so (und so groß) an, dass alle sie gut sehen und lesen können!

! Halten Sie die Regeln so konsequent wie möglich ein und wenden Sie sie auf alle Schüler in gleicher Weise gerecht an!

! Halten Sie sich ebenfalls an die Regeln! Gleiche Rechte für alle!

© AOL-Verlag

Vertrag

zwischen

_____   und   _____
(Schüler)   (Lehrer)

Der Schüler verpflichtet sich: Der Lehrer verpflichtet sich:

_____   _____

_____   _____

_____   _____

_____   _____

Vertragslaufzeit von _____ bis _____

_____
(Ort, Datum)

_____   _____
(Unterschrift Schüler)   (Unterschrift Lehrer)

© AOL-Verlag

Hinter der Idee des Regelvertrages (M8) steckt die Intention, das starre Lehrer-Schüler-Gefälle aufzubrechen und Lehrer und Schüler zu Partnern zu machen. Ziel ist es, dass sich der Schüler ernst genommen fühlt und das Gefühl gemindert wird, ungerecht behandelt zu werden, da der Lehrer ohnehin „am längeren Hebel" sitzt. Statt das unerwünschte Verhalten zu bestrafen, wird das erwünschte Verhalten mit einer Gegenleistung des Lehrers gekoppelt – wenn auch mit dem Hintergedanken, dadurch indirekt das unerwünschte Verhalten unwahrscheinlicher zu machen.

Dem Regelvertrag sollte immer eine Situations- bzw. Verhaltensanalyse (M4) vorausgehen, bei der auch der Schüler seine Beweggründe darstellen können sollte. Nur wenn der Vertrag sich für beide Seiten lohnt, kann er

Kriterien für die Einzelfallabwägung	
Vorteile	**Nachteile**
• Festlegung kleiner Teilziele → keine Überforderung der AD(H)S-Betroffenen durch kompletten Regelkatalog • Wecken des „sportlichen Ehrgeizes" der Betroffenen • Erwünschtes (nicht unerwünschtes) Verhalten für Schüler deutlich • Stärkung des gegenseitigen Verständnisses und Respektes durch intensives Lehrer-Schüler-Gespräch	• Recht hoher Zeitaufwand für den Lehrer • Sonderstellung des Schülers in der Klasse, der mit dem Lehrer einen eigenen „Kontrakt" hat

auch eingehalten werden und zielführend sein. Dann bringt er jedem Vertragspartner etwas Erwünschtes: dem Lehrer z.B., dass der Schüler den Unterricht nicht mehr stört; dem Schüler, dass der Lehrer ihn z.B. nicht mehr vor der Klasse zurechtweist, was er vielleicht als Bloßstellung empfindet.

Die Vertragsdauer sollte von Anfang an festgelegt und nicht für einen zu langen Zeitraum gewählt werden, da es von großer Bedeutung ist, dass während der Vertragszeit die festgehaltenen Bedingungen auch wirklich konsequent eingehalten werden. Bei zu langer Vertragsdauer fällt dies mit der Zeit immer schwerer und das unerwünschte Verhalten schleicht sich nach und nach wieder ein. Bei geeigneter Vertragsdauer, nach der der Betreffende das erwünschte Verhalten gelernt hat, hat dieses auch gute Chancen, bestehen zu bleiben. Dabei ist die „geeignete Vertragsdauer" zum einen von der Schwierigkeit der zu trainierenden Verhaltensänderung, zum anderen von der Häufigkeit, mit der sich Lehrer und Schüler treffen (ein Klassenlehrer sieht seinen Schüler vielleicht täglich, ein Fachlehrer aber eventuell nur einmal in der Woche), abhängig und muss darum individuell abgestimmt werden. Ist eine Verhaltensweise gut trainiert, kann eine weitere angegangen werden.

© AOL-Verlag

Wichtige Hinweise:

- Zu Anfang nur kleine Verhaltensschritte!
- Nicht zu viele Verhaltensänderungen auf einmal anstreben!
- Der Schüler muss die Vertragsbedingungen verstehen und akzeptieren!
- Die zu erbringenden Leistungen müssen für beide Seiten gut zu überprüfen sein!
- Der Vertrag muss für beide Seiten fair und lohnend sein!
- Der Vertrag sollte positiv sein und die Struktur haben „Wenn du tust, was ich will, werde ich tun, was du willst" (Krumm 2000)!

Hier sehen Sie ein Beispiel, wie ein ausgefüllter Regelvertrag aussehen könnte:

Beispiel

Vertrag

zwischen

Tim
(Schüler)

und

Herrn Schmitt
(Lehrer)

Der Schüler verpflichtet sich:

sich zu melden und erst zu reden, wenn er an der Reihe ist.

Der Lehrer verpflichtet sich:

wenn Tim doch hineinruft, ihn nicht bloßzustellen/zurechtzuweisen, sondern ihn durch Heben des Fingers an das Melden zu erinnern.

Vertragslaufzeit von 01.09.2011 bis 30.09.2011

Hamburg, 30.08.2011
(Ort, Datum)

Tim Stollberg
(Unterschrift Schüler)

G. Schmitt
(Unterschrift Lehrer)

© AOL-Verlag

Vereinbarung
über Maßnahmen bei Eskalationen

zwischen

_____ und _____
(Schüler)   (Lehrer)

Unter einer **Eskalation** verstehen wir:

_____

_____

Der Schüler verpflichtet sich, **auf die Hinweise** des Lehrers, dass eine Eskalation droht, **zu reagieren**, indem er versucht das unerwünschte Verhalten einzustellen.

Der Lehrer verpflichtet sich, auf eine drohende Eskalation **mindestens zweimal hinzuweisen**, bevor Maßnahmen ergriffen werden, indem

_____

_____

_____

Kann die Eskalation nicht verhindert werden, ergreift der Lehrer **folgende Maßnahmen**, mit denen sich der Schüler hiermit einverstanden erklärt:

_____

_____

_____
(Ort, Datum)

_____   _____
(Unterschrift Schüler)   (Unterschrift Lehrer)

© AOL-Verlag

Es wurde schon mehrfach deutlich gemacht, wie wichtig und um wie vieles ge-winnbringender positive Verstärkungen im Vergleich zu Bestrafungen sind. Den-noch kann es Situationen geben, in denen alle guten Vorsätze, Regelvereinbarun-gen und Verstärkersysteme nicht mehr helfen. AD(H)S ist eine Störung der Selbstregulation, und so kann es immer wieder vorkommen, dass ein AD(H)S-Betroffener trotz aller Bemühungen die Kontrolle verliert. Bahnt sich diese Über-hitzung an, sollten Sie frühzeitig eingreifen (vgl. Kap. 1.8.)!

Insbesondere wenn solche „überkochenden" Situationen häufiger vorkommen, ist es hilfreich, mit dem Schüler konkrete Absprachen über ein Vorgehen in die-sen Situationen zu treffen. Dabei muss für den Betreffenden klar werden, dass es nicht um Bestrafung geht, sondern um ein „Herunterkühlen". Es kann sich auch anbieten, das Vorge-hen schriftlich festzu-legen. Die Vereinba-rung über Maßnah-men bei Eskalatio-nen (M9) kann hier-bei hilfreich sein. Sie macht das Vorgehen für den Schüler trans-parenter und er braucht sich nicht mehr der Willkür des

Kriterien für die Einzelfallabwägung	
Vorteile	**Nachteile**
• Gegenseitige Vereinbarung → Er-leichterung für den Lehrer, im „ent-scheidenden Moment" richtig / konse-quent zu handeln • Lehrer und Schüler als Partner im Kampf gegen Eskalationen • Minimierung des Gefühls der Bestra-fung • Für den Schüler transparentes Vor-gehen → Reduzierung oder Eliminie-rung des Gefühls der Willkür des Leh-rers	• Risiko der negativen Verstärkung des unerwünschten Verhaltens • Sonderbehandlung des AD(H)S-Be-troffenen • Mündliche Absprachen über die Maß-nahmen (M9 kann durchaus als Vor-lage dienen.) manchmal ebenso oder sogar geeigneter

Lehrers ausgesetzt zu fühlen, da dieser sich verpflichtet, sich an klare Regeln und Abläufe zu halten. Der Schüler erhält zweimal die Chance, sein Verhalten zu ändern. Dann folgt die Konsequenz.

Wichtige Hinweise:

⚠ Führen Sie zuerst ein Gespräch mit dem betreffenden Schüler, in dem Sie deut-lich machen, dass es nicht um Bestrafung sondern um Auswege aus „überko-chenden" Situationen geht!

⚠ Legen Sie mit dem Schüler genau fest, wie eine solche Eskalation/„überko-chende" Situation aussieht, d.h. woran Sie sie beide erkennen können!

⚠ Der Schüler muss die Bedingungen und Vorteile der Vereinbarung verstehen und akzeptieren, damit sie eine wirkungsvolle Unterstützung darstellt!

⚠ Halten Sie sich daran, immer zweimal vorzuwarnen (z.B. durch gelbe und rote Karte (M25)), bevor die vereinbarte Maßnahme folgt! Geben Sie dem AD(H)S-Betroffenen eine Chance!

© AOL-Verlag

Hier sehen Sie ein Beispiel, wie eine ausgefüllte Vereinbarung zu Eskalationen aussehen könnte:

Beispiel

Vereinbarung
über Maßnahmen bei Eskalationen

zwischen

Tim	und	Herrn Schmitt
(Schüler)		(Lehrer)

Unter einer **Eskalation** verstehen wir:

Tim wirft aus Frust Stifte durch den Raum ⟶ wirft seinen Tisch um oder schlägt Mitschüler ⟶ rennt aus

dem Raum

Der Schüler verpflichtet sich, **auf die Hinweise** des Lehrers, dass eine Eskalation droht, **zu reagieren**, indem er versucht das unerwünschte Verhalten einzustellen.

Der Lehrer verpflichtet sich, auf eine drohende Eskalation **mindestens zweimal hinzuweisen**, bevor Maßnahmen ergriffen werden, indem

er zuerst die gelbe und dann die rote

Karte zeigt.

Kann die Eskalation nicht verhindert werden, ergreift der Lehrer **folgende Maßnahmen**, mit denen sich der Schüler hiermit einverstanden erklärt:

Herr Schmitt zeigt Tim die Time-out-Karte, woraufhin Tim den Raum verlässt und vor der Tür wartet, bis Herr Schmitt

hinauskommt, um ihm ein persönliches Gespräch anzubieten oder ihn in die Klasse zurückzuholen.

Hamburg, 28.09.2011
(Ort, Datum)

Tim Stollberg
(Unterschrift Schüler)

S. Schmitt
(Unterschrift Lehrer)

© AOL-Verlag

Jeder Smiley zeigt mir, dass ich ein Ziel erreicht habe!

Ziel erreicht → ☺

	Mo., den	Di., den	Mi., den	Do., den	Fr., den
Ziel 1:					
Ziel 2:					
Ziel 3:					

Belohnung für **3×** ☺ :

Belohnung für **5×** ☺ :

Belohnung für **10×** ☺ :

50

© AOL-Verlag

Jeder Smiley zeigt mir, dass ich ein Ziel erreicht habe!

Ziel erreicht → :)

	Mo., den	Di., den	Mi., den	Do., den	Fr., den	Sa., den	So., den
Ziel 1:							
Ziel 2:							
Ziel 3:							

Belohnung für **3×** :) : _____

Belohnung für **5×** :) : _____

Belohnung für **10×** :) : _____

© AOL-Verlag

Jeder Smiley zeigt mir, dass ich ein Ziel erreicht habe!

Ziel erreicht → :)

	Mo., den	Di., den	Mi., den	Do., den	Fr., den		
Ziel 1:							
Ziel 2:							
Ziel 3:							

:) Belohnung für _____

:) Belohnung für _____

:) Belohnung für _____

© AOL-Verlag

Der Belohnungsplan (M10, M11, M12) soll Ihrem AD(H)S-Schüler helfen, sein Verhalten zu kontrollieren. Aufgrund ihrer hohen Emotionalität und ihrer häufigen frustrierenden Erfahrungen sprechen AD(H)S-Betroffene besonders gut auf positive Verstärkung an (vgl. Kapitel 1.8.)! Belohnungspläne erlauben es, das Problemverhalten durch gezielte Verstärkung zu verändern. Dabei wird das zu modifizierende Verhalten mit dem Schüler abgesprochen und in den Plan eingetragen. Es sollten nie mehr als drei Verhaltensweisen gleichzeitig angegangen werden! Zeigt der Betreffende das erwünschte Verhalten, tragen Sie dafür am entsprechenden Tag einen Smiley ein. Eine bestimmte vorab festgelegte Anzahl von Smileys kann dann in eine von dem Schüler selbst ausgesuchte Belohnung eingetauscht werden. Dabei geht es nicht um pädagogisch wertvolle Belohnungen, sondern um etwas, was der Betreffende sich wirklich wünscht. Dies kann von Computerspielen über Fernsehen bis zu Freizeitaktivitäten mit Eltern oder Freunden reichen. Um der Hyperaktivität gerecht zu werden, sollte man Wünsche, die Bewegung mit einschließen (z. B. Zoobesuch, Fahrradtour …), sofern sie denn vorhanden sind, natürlich als Belohnung vorziehen. Durch die Möglichkeit der Variation von Belohnungen verliert die Methode auch über längere Zeit und in unterschiedlichen Situationen nicht ihre Wirksamkeit. Ist eine Verhaltensweise gut trainiert, kann eine andere für diese eingesetzt und trainiert werden.

Der Belohnungsplan mit Wochenende (M11) ermöglicht die Einbindung der Eltern, die dann am Wochenende die Eintragungen vornehmen können.

Der Belohnungsplan Blanko (M12) lässt mehr Freiraum für individuelle Belohnungsgrenzen. Dies kann sinnvoll sein, wenn z. B. sehr einfache oder sehr schwierige Verhaltensänderungen trainiert werden, für die die Smileys entweder sehr leicht oder nur sehr schwer erreicht werden.

Kriterien für die Einzelfallabwägung	
Vorteile	**Nachteile**
• Leichteres Einhalten von Verhaltensweisen durch positive Verstärker • Zeitnahe Rückmeldung an den Schüler durch Punkte- / Smiley-Vergabe • Vergabe der Smileys am Ende der Stunde → Vermeidung von Neid der Mitschüler (im Vergleich zu direkter Belohnung / direktem Lob) • Breiteres Belohnungsspektrum als bei Belohnung im Unterricht • Einbeziehung des Schülers in die Reflexion über das Verhalten → Förderung der Selbstreflexion • Indirekte / unkomplizierte Rückmeldung an die Eltern • Bei Einbezug der Eltern / des häuslichen Umfelds in die Smiley-Vergabe → auch indirekte Rückmeldung der Eltern an den Lehrer • Fortschritte für den Schüler im Verlauf deutlich spürbar durch häufigere oder höhere Belohnungen	• Spanne einer Unterrichtsstunde bis zur Belohnung / zum Verstärker für einige AD(H)S-Schüler eventuell zu lang • Belohnung nach Smiley-Vergabe für einige AD(H)S-Schüler eventuell zu unkonkret → möglicherweise direkte Belohnung nötig

© AOL-Verlag

Wichtige Hinweise:

- Erarbeiten Sie die Ziele zusammen mit dem Schüler, evtl. auch mit den Eltern!

- Legen Sie die Belohnungen zusammen mit dem Kind/Jugendlichen fest! Eine Einbindung der Eltern erweitert das Belohnungsspektrum!

- Benutzen Sie für die Smileys einen Stempel oder streichen Sie nicht erreichte Kästchen durch, um den Schüler nicht in Versuchung zu führen, sich selbst einen Smiley zu vergeben!

- Smileys können eingespart werden, um die jeweils höhere Belohnung zu erreichen!

- Belohnungen sollten immer zeitnah nach Erreichen der Smileys eingelöst werden!

Hier sehen Sie ein Beispiel, wie ein Belohnungsplan für einen AD(H)S-Schüler ausgefüllt aussehen könnte:

Beispiel

Jeder Smiley zeigt mir, dass ich ein Ziel erreicht habe!

Ziel erreicht → ☺	Mo., den 01.11.11	Di., den 02.11.11	Mi., den 03.11.11	Do., den 04.11.11	Fr., den	Sa., den	So., den
Ziel 1: Ich melde mich und rede nur, wenn ich drangenommen werde.	☺	/	/				
Ziel 2: Ich beteilige mich mindestens 3-mal pro Stunde am Unterricht. (wichtiger Punkt bei ADS-lern ohne Hyperaktivität)	/	/	/				
Ziel 3: Ich mache meine Hausaufgaben selbstständig. (bei Einbindung der Eltern/Aufgaben zu Hause)	/	/	☺				

Belohnung für **3×** ☺: *1 Schokoriegel*

Belohnung für **5×** ☺: *1 Stunde Spielekonsole spielen*

Belohnung für **10×** ☺: *Besuch eines Bundesliga-Fußballspiels*

© AOL-Verlag

© AOL-Verlag

Termine und Dinge, an die ich unbedingt denken muss!

Hier trägst du deinen Stundenplan ein und alle wichtigen Termine und Dinge, an die du denken musst – auch die am Nachmittag und am Wochenende!

:)

	Montag	Dienstag	Mittwoch	Donnerstag	Freitag	Samstag	Sonntag
Morgens muss ich denken an:							
8:00							
9:00							
10:00							
11:00							
12:00							
13:00							
14:00							
15:00							
16:00							
17:00							
18:00							
19:00							
Abends muss ich denken an:							

Termine und Dinge, an die ich unbedingt denken muss!

Hier trägst du deinen Stundenplan ein und alle wichtigen Termine und Dinge, an die du denken musst – auch die am Nachmittag und am Wochenende!

	Montag	Dienstag	Mittwoch	Donnerstag	Freitag	Samstag	Sonntag
Morgens muss ich denken an:							
1. Stunde							
2. Stunde							
3. Stunde							
4. Stunde							
5. Stunde							
6. Stunde							
7. Stunde							
8. Stunde							
9. Stunde							
17:00							
18:00							
19:00							
Abends muss ich denken an:							:)

© AOL-Verlag

Termine und Dinge, an die ich unbedingt denken muss!

Hier trägst du deinen Stundenplan ein und alle wichtigen Termine und Dinge, an die du denken musst – auch die am Nachmittag und am Wochenende!

:)

	Montag	Dienstag	Mittwoch	Donnerstag	Freitag	Samstag	Sonntag
Morgens muss ich denken an:							
Abends muss ich denken an:							

© AOL-Verlag

Erläuterungen: Wochenplan (M13, M14, M15)

AD(H)S-Schüler haben häufig Schwierigkeiten, ihre Aufgaben und Aktivitäten zu planen und an alles Wichtige zu denken. Hier kann der Wochenplan (M13) helfen, indem er eine Übersicht aller wichtigen Termine und Dinge für die ganze Woche bietet. In den Wochenplan werden zum einen der Stundenplan und zum anderen alle Dinge eingetragen, an die es in dieser Woche zu denken gilt. Morgens und abends ist zudem ausreichend Platz, um einzutragen, was für den kommenden Tag benötigt wird oder schon gepackt oder beiseite gelegt werden kann.

Der Wochenplan (M13) richtet sich nach der tatsächlichen Uhrzeit.

Kriterien für die Einzelfallabwägung	
Vorteile	**Nachteile**
• Eine Übersicht für alles • Alles für die ganze Woche auf einen Blick, kein Blättern, kein Suchen mehr	• Umgewöhnung auf den Plan nötig (anfängliche Begleitung durch den Lehrer und/oder die Eltern notwendig) • Eventuell Überforderung der AD(H)S-Schüler durch die Wochenübersicht → dann möglicherweise Denk-Dran-Stundenplan (M16) oder Schulranzenpackliste (M17) die bessere Wahl

Für manche AD(H)S-Schüler kann es besser sein, wenn sie ihren Plan nach ihren Schulstunden ausrichten. Für sie ist der Wochenplan mit Schulstunden (M14) geeignet.

Ist auch dieser nicht ideal, bietet der Wochenplan Blanko (M15) die Möglichkeit, Uhrzeiten, Schulstunden oder andere Zeitmarkierungen selbst einzutragen.

Wichtige Hinweise:

○ Erläutern Sie dem Kind oder Jugendlichen den Einsatz des Plans und stellen Sie sicher, dass Kosten und Nutzen von ihm verstanden wurden (**Methodenreflexion**)!

○ Nehmen Sie die ersten Eintragungen mit dem Kind oder Jugendlichen gemeinsam vor!

○ Achten Sie darauf, dass der Plan immer griffbereit liegt um Eintragungen vorzunehmen!

Hier sehen Sie ein Beispiel, wie die Eintragungen in den Wochenplan mit Schulstunden aussehen könnten:

Beispiel

Termine und Dinge, an die ich unbedingt denken muss!

> Hier trägst du deinen Stundenplan ein und alle wichtigen Termine und Dinge, an die du denken musst – auch die am Nachmittag und am Wochenende!

	Montag	Dienstag	Mittwoch	Donnerstag	Freitag	Samstag	Sonntag
Morgens muss ich denken an:	Sportschuhe für draußen, lange Hose, NW-Test unterschreiben; Schürze für HW	Schürze für HW; Zahnspange einstecken	Sportschuhe für draußen, lange Hose				
1. Stunde	Sport	GL	Klassenstunde	Deutsch	Mathe	Mathe lernen für Arbeit	
2. Stunde	"	Englisch	Deutsch	"	Deutsch		
3. Stunde	Mathe	Mathe	Englisch	Mathe	Musik		
4. Stunde	Englisch	Deutsch	förder	NW	förder		
5. Stunde	förder	HW	Kunst	Kunst	Englisch		
6. Stunde	HW / Mittagspause	"	Mittagspause	GL	Arbeitsstunde		
7. Stunde	NW		Sport			Auswärtsspiel, Abfahrt am Platz	
8. Stunde	"	Zahnarzt (14:40 Uhr bis)	"				
9. Stunde							
17:00	Hausaufgaben: - Mathe s. Heft - Englisch: AB f-classes	Hausaufgaben: - 1.10 Voks. Lekt. 7 - Mathe s. Heft	Hausaufgaben: - Kalorienangaben sammeln für NW	Hausaufgaben: Deutsch: AB lesen	Hausaufgaben: - Englisch: Voks Lekt. 7 zu Ende - Mathe s. Heft - Deutsch: f. Diktat üben	Schlafen bei Oma: D-Roman mitnehmen!	Ranzen packen!
18:00		Ranzen packen: Holzwäscheklammern u. bunten Filz f. Kunst	- Englisch s. Heft - Deutsch: Berichtigung	Mathenachhilfe: HA s. Heft	Fußball-Training		
19:00	Ranzen packen		Ranzen packen	Ranzen packen			
Abends muss ich denken an:		Abschnitt für Klassenfahrt unterschreiben lassen, einpacken					

:)

© AOL-Verlag

Dinge, an die ich unbedingt denken muss!

Woche vom _____ **bis** _____

Hier trägst du deinen Stundenplan, alle Hausaufgaben und alle wichtigen Dinge ein, die du für die einzelnen Fächer brauchst!

	Montag	Dienstag	Mittwoch	Donnerstag	Freitag
1. Stunde					
2. Stunde					
3. Stunde					
4. Stunde					
5. Stunde					
6. Stunde					
7. Stunde					
8. Stunde					
9. Stunde					

© AOL-Verlag

AD(H)S-Schüler sind häufig damit überfordert, die Hausaufgaben und sonstigen Dinge, die sie für den Unterricht benötigen und mitbringen sollen, zu koordinieren. Oft gibt es ein Schulheft, ein Arbeitsheft, ein Hausaufgabenheft, ein Mitteilungsheft für die Eltern … Notiert wird in das Heft, das gerade zur Hand ist, wenn überhaupt. Extrazettel wie die Einverständniserklärung für die nächste Klassenfahrt, die die Eltern unterschreiben sollten, sind sowieso schon verschwunden …

Der Denk-Dran-Stundenplan (M16) kann hier Abhilfe schaffen. Eine Übersicht für die ganze Woche hilft dem AD(H)S-Schüler, den Überblick zu bewahren und nichts mehr zu vergessen. Theoretisch kann dieser Plan in ein DIN-A5-Hausaufgabenheft eingeklebt werden. Bewährt hat es sich auch, den aktuellen Stundenplan einzutragen, den Plan zu laminieren und dann mit einem Folienstift die weiteren Eintragungen vorzunehmen. Am Ende der Woche kann der Plan mit einem Alkoholtuch oder Fensterreiniger

Kriterien für die Einzelfallabwägung	
Vorteile	**Nachteile**
• Eine Übersicht für alles • Alles für die ganze Woche auf einen Blick, kein Blättern, kein Suchen mehr • Format geeignet zum Einkleben ins Hausaufgabenheft • Laminiert oder kopiert mehrfach verwendbar	• Umgewöhnung auf den Plan nötig (anfängliche Begleitung durch den Lehrer und/oder die Eltern notwendig) • Eventuell Überforderung der AD(H)S-Schüler → Möglicherweise Schulranzenpackliste (M17) für diese einfacher

abgewischt und neu beschrieben werden. Alternativ kann der Plan mit dem eingetragenen Stundenplan natürlich auch mehrfach kopiert werden, um jede Woche ein neues Blatt verwenden zu können. Auf diese Weise muss nicht jede Woche ein neuer Plan erstellt werden. Dies erhöht die Akzeptanz beim AD(H)S-Betroffenen, dem das Schreiben ohnehin meist schwerfällt.

Wichtige Hinweise:

• Erläutern Sie dem Kind oder Jugendlichen den Einsatz des Plans und stellen Sie sicher, dass Kosten und Nutzen von ihm verstanden wurden (**Methodenreflexion**)!

• Nehmen Sie die ersten Eintragungen mit dem Kind oder Jugendlichen gemeinsam vor!

• Achten Sie darauf, dass der Plan immer auf dem Tisch bereitliegt um Eintragungen vorzunehmen, und dass das Kind oder der Jugendliche die Eintragungen auch vornimmt und nichts mehr in andere Hefte schreibt!

© AOL-Verlag

Hier sehen Sie ein Beispiel, wie die Eintragungen in den Denk-Dran-Stundenplan aussehen könnten. Auch für den Zahnarzttermin ist im Zweifelsfall noch Platz!

Beispiel

Dinge, an die ich unbedingt denken muss!

Woche vom _____ 08.06.2011 _____ bis _____ 12.06.2011

> Hier trägst du deinen Stundenplan, alle Hausaufgaben und alle wichtigen Dinge ein, die du für die einzelnen Fächer brauchst!

	Montag	Dienstag	Mittwoch	Donnerstag	Freitag
1. Stunde	Sport Sportschuhe für draußen, lange Sporthose	GL	Klassenstunde Abschnitt für Klassenfahrt unterschrieben mitbringen	Deutsch Roman bis S. 53 weiterlesen	Mathe Buch S. 31, Nr. 1–3
2. Stunde	Sport	Englisch Erste 10 Vokabeln von Lekt. 12	Deutsch Charakterisierung der Hauptfigur des Romans (anhand Kap. 4–6)	Deutsch	Deutsch Inhaltsangabe zu S. 53–57 schreiben
3. Stunde	Mathe Buch S. 28, Nr. 3+4	Mathe Buch S. 29, Nr. 1+2a, b	Englisch Buch S. 43, Nr. 2+3	Mathe Buch S. 30, Nr. 4a, 5b, 6a–c	Musik
4. Stunde	Englisch AB zu if-clauses	Deutsch Arbeit mit Berichtigung u. Unterschrift abgeben!	Förder	NW Kalorienangaben von 5 Lebensmitteln aufschreiben	Förder
5. Stunde	Förder Mathezettel Nr. 7+8	Hauswirtschaft Schürze!	Kunst	Kunst	Mathezettel abgeben!
6. Stunde	Hauswirtschaft Schürze!	Hauswirtschaft	Holzwäscheklammern mitbringen	GL	Englisch Buch S. 44, Nr. 1 und Vokabeln 11–20 lernen
7. Stunde	Mittagspause		Mittagspause	Text S. 58 lesen	Arbeitsstunde
8. Stunde	NW Test unterschrieben mitbringen!!		Sport Sportschuhe für draußen, kurze Hose		
9. Stunde	NW	15:00 Zahnarzt: 14:40 losgehen!	Sport		

© AOL-Verlag

Was gehört an welchem Tag in den Schulranzen?

Schreibe in die linke Spalte nach Fächern sortiert, welche Schulsachen du hast.
Kreuze dann an, an welchem Tag du sie mit in die Schule nehmen musst!
Packe deinen Ranzen immer am Vorabend und kontrolliere ihn noch einmal mit deiner Schulranzenpackliste!

Einpacken:	Mo	Di	Mi	Do	Fr

© AOL-Verlag

Viele AD(H)S-Schüler sind damit überfordert, alle Dinge, die sie für den Unterricht benötigen, auch wirklich dabeizuhaben. Den Überblick über die Fächer zu behalten, die sie an einem Tag haben, und die Bücher, Hefte und Mappen, die sie dafür benötigen, fällt ihnen sehr schwer. Irgendetwas wird eigentlich fast immer vergessen. Checklisten wie die Schulranzenpackliste (M17) dienen dazu, die Vergesslichkeit und Ablenkbarkeit zu reduzieren und die Handlungsabläufe auf Dauer zu automatisieren.

Hier werden – am besten in unterschiedlichen Farben – die Dinge eingetragen, die für ein bestimmtes Fach benötigt werden: Bücher, Mappen, Hefte und so weiter. An jedem Wochentag, an dem

Kriterien für die Einzelfallabwägung	
Vorteile	**Nachteile**
• Einfache Übersicht der Dinge, die für einen entsprechenden Schultag benötigt werden • Große Übersichtlichkeit • Keine große Einarbeitung, da Liste intuitiv angewendet werden kann • Passt in das Hausaufgabenheft • Kann laminiert im Zimmer aufgehängt werden	• Kein Raum für Dinge, die nur einmal benötigt werden (Zettel, Klassenarbeitshefte o.Ä.) → können weiterhin vergessen werden ↔ Nach erfolgreichem Einsatz Umstieg auf Denk-Dran-Stundenplan (M16) möglich

dieses Material benötigt wird, wird ein Kreuz gemacht. Diese Eintragungen sollten mithilfe des Stundenplans zusammen mit dem Kind oder Jugendlichen vorgenommen werden, dann jedoch wird die Checkliste von ihm selbstständig genutzt.

Die Tasche sollte idealerweise direkt nach den Hausaufgaben für den nächsten Tag gepackt werden. Dabei arbeitet der Betreffende einfach die Liste des anstehenden Tages ab und packt alle Sachen, die an diesem Tag mit einem Kreuz versehen sind, in die Tasche.

Diese Art der Checkliste ist natürlich starr, da nur regelmäßig benötigte Materialien aufgeführt werden. Einmalige Angelegenheiten (z. B. der von den Eltern unterschriebene Zettel für die Klassenfahrt) tauchen nicht auf und können weiterhin leicht vergessen werden. Aber welcher Lehrer wäre nicht schon froh, wenn seine AD(H)S-Schüler zumindest die regelmäßig benötigten Dinge auch regelmäßig dabeihätten? Und wenn das erst einmal klappt, kann auch auf den Denk-Dran-Stundenplan (M16) umgestiegen werden.

© AOL-Verlag

Wichtige Hinweise:

⚠ Erläutern Sie dem Kind oder Jugendlichen den Einsatz des Plans und stellen Sie sicher, dass Kosten und Nutzen von ihm verstanden wurden (**Methodenreflexion**)!

⚠ Nehmen Sie die Eintragungen am besten mit dem Kind oder Jugendlichen gemeinsam vor, damit auch wirklich alles aufgeführt ist! Wenn die Liste nicht vollständig ist, kommt es schnell zu Frustration (auf beiden Seiten), weil trotz der zusätzlichen Arbeit mit der Liste wieder Dinge fehlen.

⚠ Vergisst der Schüler Dinge, die eigentlich auf der Liste aufgeführt sind, überprüfen Sie, ob die Liste überhaupt noch vorhanden ist!

⚠ Nehmen Sie in Kauf, dass Zettel oder Klassenarbeitshefte, die nur zu einem bestimmten Datum benötigt werden, weiterhin vergessen werden können! Sie sollten das Kind oder den Jugendlichen dafür dann nicht tadeln, sondern mit ihm darüber sprechen, dass, wenn die Schulranzenpackliste erfolgreich eingesetzt wurde, im nächsten Schritt der Denk-Dran-Stundenplan benutzt werden kann!

Hier sehen Sie ein Beispiel, wie eine ausgefüllte Schulranzenpackliste aussehen könnte:

Beispiel

Was gehört an welchem Tag in den Schulranzen?

Schreibe in die linke Spalte nach Fächern sortiert, welche Schulsachen du hast. Kreuze dann an, an welchem Tag du sie mit in die Schule nehmen musst! Packe deinen Ranzen immer am Vorabend und kontrolliere ihn noch einmal mit deiner Schulranzenpackliste!

Einpacken:	Mo	Di	Mi	Do	Fr
Deutschbuch		✗	✗	✗	✗
Deutschmappe		✗	✗	✗	✗
Mathebuch	✗	✗		✗	✗
Matheheft	✗	✗		✗	✗
Englischbuch		✗	✗		✗
Englisch-Workbook		✗	✗		✗
Englischheft		✗	✗		✗
Biobuch	✗			✗	
Biomappe	✗			✗	
Physikheft		✗			✗
Erdkundeheft	✗				✗
Atlas für Erdkunde					✗
Religionsbuch			✗		
Religionsmappe			✗		
Sportbeutel	✗		✗		
Musikhefter					✗

© AOL-Verlag

ZIEL

Das Ziel immer fest im Blick!

Notiere das Fach, das Datum und das Thema der Klassenarbeit!
Was musst du dafür können? Trage die einzelnen Bereiche, die drankommen werden, in die linke Spalte ein!
Trage dann ein, wann, wie lange und vielleicht auch mit wem du lernen willst!
Vergiss nicht, dass du das Thema auch noch einmal wiederholen musst!

Fach: _____ **Termin:** _____

Thema der Arbeit: _____

Was kommt dran? Was muss ich lernen?	Wann? (Wochentag)	Wie lange? (von – bis)	Mit wem? (Mama, Papa, Mitschüler, alleine)	O.K.?	Wann wiederhole ich?	O.K.?
				☐		☐
				☐		☐
				☐		☐
				☐		☐
				☐		☐

© AOL-Verlag

Für AD(H)S-Schüler kommen Klassenarbeiten und Tests meist wie aus heiterem Himmel. Aufgrund von häufigen Frustrationserlebnissen macht sich Panik breit. Die riesige Menge an Lernstoff scheint unüberwindlich und allein der Gedanke daran, lernen – und das heißt eben auch größtenteils still sitzen und sich konzentrieren – zu müssen, versetzt sie in Angst und Schrecken.

AD(H)S-Schüler benötigen darum unbedingt eines, um sich auf eine Arbeit vorbereiten zu können: Struktur. Der Lernstoff muss in kleine überschaubare Lerneinheiten eingeteilt werden. Da ja bei AD(H)S-Betroffenen meist das Chaos herrscht, müssen die Unterrichtsmaterialien meist auch erst nach diesen zu bearbeitenden Einheiten sortiert werden. Dies alles ist von einem AD(H)S-Schüler in der Regel nicht allein zu leisten. Als Grundlage für eine Hilfestellung kann hier der Klassenarbeitsplaner (M18) dienen. In diesen werden das Thema der Arbeit und das Datum eingetragen. In die linke Spalte schreibt man die Themen, die in der Arbeit abgeprüft werden. Der Schüler legt dann – evtl. zusammen mit den Eltern oder dem Lehrer – kleine Lerneinheiten fest, in denen er sich mit eben diesem Themenbereich beschäftigt. Ein Puffer von mindestens zwei Tagen vor der Arbeit sollte für Wiederholungen eingeplant werden.

Kriterien für die Einzelfallabwägung	
Vorteile	**Nachteile**
• Unterteilung des Lernstoffs in kleine Lerneinheiten → Reduzierung der Angst vor dem „großen Berg" • Schafft Struktur beim Lernen • Verhindert die große Panik und den großen Lernk(r)ampf kurz vor der Arbeit	• Sehr zeitintensiv für den Lehrer oder die Eltern in der Einführung und Kontrolle, da sinnvolle und zielgerichtete Anwendung (erst einmal) nicht allein von den AD(H)S-Betroffenen geleistet werden kann • Unterstützung der Eintragungen von Ihrer Seite → Risiko, dass Eltern sich später auf den Planer berufen wollen, wenn in der Arbeit doch weitere Themen überprüft wurden → Vorherige Klärung mit den Eltern, dass Plan keine Garantie, sondern lediglich Unterstützung darstellt

© AOL-Verlag

Wichtige Hinweise:

☐ Erläutern Sie dem Kind oder Jugendlichen den Einsatz des Plans und stellen Sie sicher, dass Kosten und Nutzen von ihm verstanden wurden (**Methodenreflexion**)!

☐ Nehmen Sie sich ausreichend Zeit, um dem AD(H)S-Betroffenen selbst oder dessen Eltern den Plan und seine Anwendung zu erläutern!

☐ Unterstützen Sie den Schüler anfänglich bei den Eintragungen und fragen Sie – sofern möglich – hin und wieder nach, ob die Lerneinheiten auch eingehalten werden!

☐ Kontrollieren Sie (anfänglich), ob die Lerneinheiten auch durchgeführt werden!

☐ Vergessen Sie das Loben nicht, wenn die Arbeit erfolgreich war, und loben Sie auch kleine und Teilerfolge!

Hier sehen Sie ein Beispiel, wie die Nutzung des Klassenarbeitsplaners für eine Klassenarbeit im Fach Englisch der 6. Klasse aussehen könnte:

Beispiel

Notiere das Fach, das Datum und das Thema der Klassenarbeit!
Was musst du dafür können? Trage die einzelnen Bereiche, die drankommen werden, in die linke Spalte ein!
Trage dann ein, wann, wie lange und vielleicht auch mit wem du lernen willst!
Vergiss nicht, dass du das Thema auch noch einmal wiederholen musst!

Das Ziel immer fest im Blick!

Fach: Englisch   **Termin:** Donnerstag, 05.05.2011

Thema der Arbeit: A trip to Britain

Was kommt dran? Was muss ich lernen?	Wann? (Wochentag)	Wie lange? (von – bis)	Mit wem? (Mama, Papa, Mitschüler, alleine)	O.K.?	Wann wiederhole ich?	O.K.?
Steigerung der Adjektive	Dienstag, 26.4.	30 Minuten	allein	☐	Montag	☐
will-future	Mittwoch	1 Stunde	Marco (bei mir)	☐	Dienstag	☐
Vokabeln Unit 19 und 20	Donnerstag, Freitag	je 30 Minuten	mit Mama	☐	Montag, Mittwoch	☐
Britisches Schulsystem	Samstag	30 Minuten	allein	☐	Mittwoch	☐
Texte Unit 19 und 20 noch einmal übersetzen	Samstag (19), Sonntag (20)	je 30 Minuten	mit Papa	☐	Mittwoch	☐

© AOL-Verlag

Mein Tisch in _____

© AOL-Verlag

Diese Materialien kannst du ausschneiden und an die richtige Stelle auf den Tisch kleben!

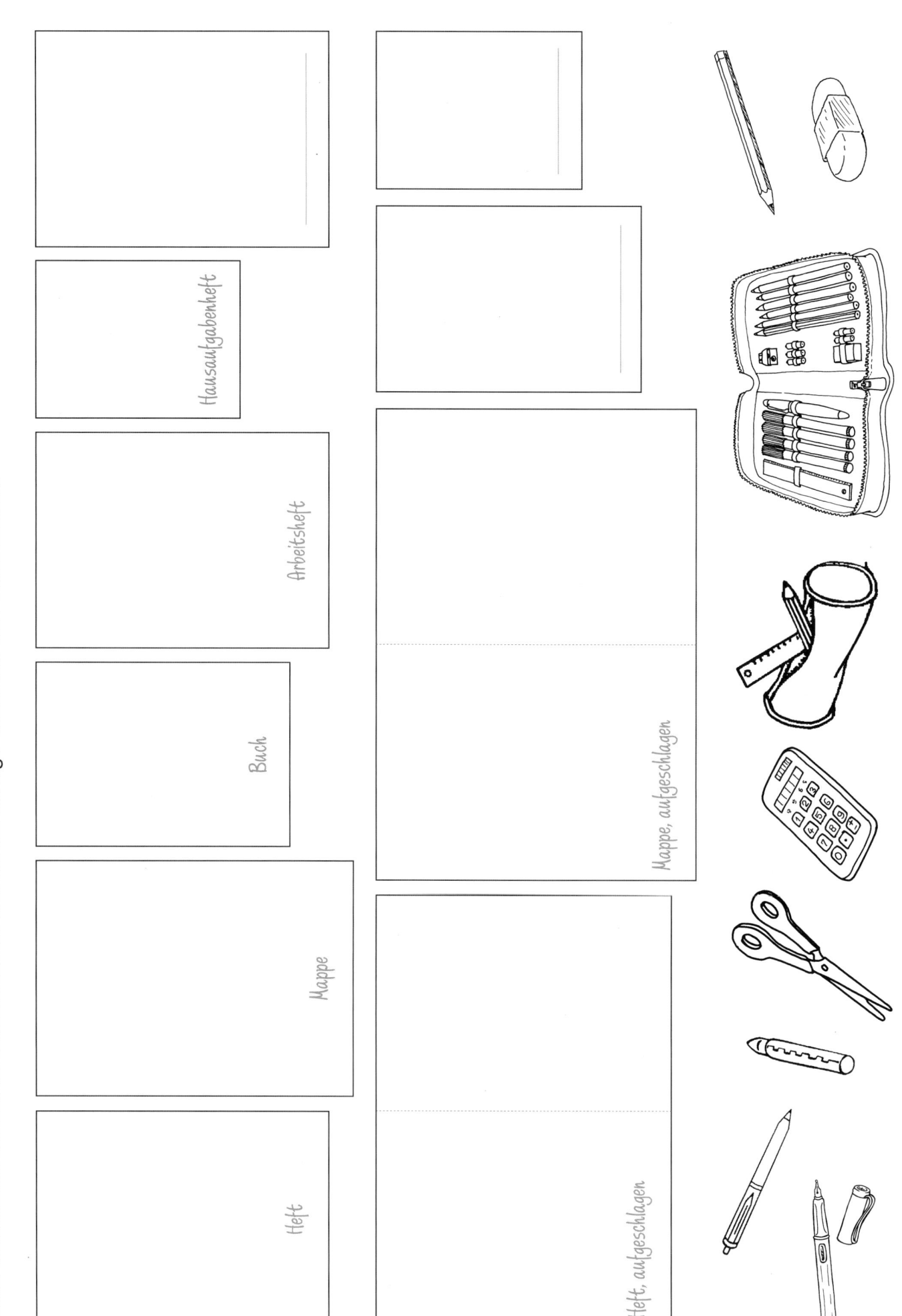

Hausaufgabenheft

Arbeitsheft

Buch

Mappe

Heft

Mappe, aufgeschlagen

Heft, aufgeschlagen

© AOL-Verlag

Ordnung ist das halbe Leben, AD(H)S-ler leben in der anderen Hälfte ... Welcher Lehrer kennt es nicht, dass er den Raum betritt und ... niemand erwartet Sie?! Es herrscht ein heilloses Chaos, niemand ist auf seinem Platz, geschweige denn, dass irgendjemand bereits seine Sachen für den Unterricht paratliegen hätte ... Und die AD(H)S-Schüler sind ganz vorn mit dabei. Sitzen sie endlich, beginnt die Kramerei nach den Unterlagen. Und gewiss nur nach denen, die Sie gerade angefordert haben. Wechseln Sie das Thema, z.B. von den Hausaufgaben zu Übungen aus dem Buch, können Sie sicher sein, dass die Kramerei von Neuem beginnt. Auch wenn etwas fehlt, wird dies natürlich erst – meist lautstark – bemerkt, wenn Sie es einfordern. Dadurch verzögert sich regelmäßig der Unterricht und Konfliktsituationen sind vorprogrammiert.

Für AD(H)S-Kinder und -Jugendliche sind klare Strukturen unabdingbar. Sollen sie sich konzentrieren, muss Ordnung herrschen und Ablenkungen wie erneutes Kramen in der Tasche müssen vermieden werden. Aber Sie können den Betroffenen tausendmal darauf hinweisen, er wird es nicht allein organisieren können, zu Stundenbeginn alle Sachen paratliegen zu haben. Hier kann mit den Unterlagen Mein Tisch / Meine Materialien (M19) Abhilfe geschaffen werden.

Unten rechts werden das Fach – oder ggf. auch mehrere Fächer – eingetragen. Die Materialien können ausgeschnitten und dorthin auf das Blatt „Mein Tisch" geklebt werden, wo sie zu Stundenbeginn lie-

Kriterien für die Einzelfallabwägung	
Vorteile	**Nachteile**
● Klare Übersicht auf dem Tisch zu Stundenbeginn → Ruhe zu Beginn und auch im Laufe der Stunde → Bessere Konzentrationsfähigkeit des AD(H)S-Betroffenen → Vermeidung von Unterrichtsstörungen	● Bei häufigen Raumwechseln kein Aufkleben des Plans möglich – bei Mitführen in der Tasche aber wieder Gefahr des Vergessens ● Wenig flexibel: keine Berücksichtigung von einmaligen Arbeitsblättern oder Materialien ● Für ältere Schüler nur bedingt geeignet

gen sollen. Alternativ können Sie die Dinge natürlich auch aufmalen (lassen). Dann wird der Zettel in eine Klarsichtfolie gesteckt und auf den Tisch geklebt. Finden Ihre Kollegen die Idee ebenfalls gut, können auch mehrere Vorlagen ausgefüllt, in Folien gesteckt, an der langen Seite zusammengeklebt oder -getackert (Vermeiden Sie unbedingt lose Blattsammlungen!) und dann so auf dem Tisch angebracht werden, dass man sie umschlagen kann. So braucht der AD(H)S-Betroffene nur das passende Fach herauszusuchen und seine Sachen wie vorgegeben für die jeweilige Stunde auf den Tisch zu legen. Fehlen Unterlagen, so bemerkt er das bereits jetzt, kann Ihnen dies sagen, und Unterbrechungen des Unterrichts dadurch werden verhindert.

© AOL-Verlag

Wichtige Hinweise:

- Erläutern Sie dem Kind oder Jugendlichen den Einsatz des Materials und stellen Sie sicher, dass Sinn und Zweck von ihm verstanden wurden (**Methodenreflexion**)!

- Überlegen Sie sich genau, was Sie zu Beginn der Stunde auf dem Tisch haben wollen: Ist es wirklich immer das aufgeschlagene Heft mit den Hausaufgaben oder auch einmal das Buch? Dann sollten die Materialien vielleicht besser verschlossen auf dem Tisch liegen.

- Nehmen Sie die Eintragungen mit dem Kind oder Jugendlichen zusammen vor oder kontrollieren Sie das Ergebnis!

- Bei jüngeren Kindern bietet es sich an, sie die Materialien selbst ausschneiden und nach Anleitung aufkleben zu lassen. Dies unterstützt die Identifikation mit „meinem Tisch".

- Loben nicht vergessen, wenn sich die Vorlage bewährt!

So könnte eine Vorlage für die Anordnung der Materialien und Unterlagen zu Stundenbeginn aussehen:

Beispiel

Hausaufgabenheft

Buch

Heft, aufgeschlagen

Mein Tisch in _Mathe_

© AOL-Verlag

Ich mache Hausaufgaben!

© AOL-Verlag

Einfach aber wirkungsvoll – das Stopp-Schild (M20) für die Hausaufgaben. Wie schon mehrfach angesprochen sind AD(H)S-Kinder und -Jugendliche sehr leicht und durch jede Kleinigkeit ablenkbar. Um solche Ablenkungen während der Hausaufgaben zu verhindern, gibt es das Stopp-Schild. Es kann an der geschlossenen Zimmertür aufgehängt werden und signalisiert jedem – auch den Eltern –, dass jetzt niemand eintreten darf.

Kriterien für die Einzelfallabwägung	
Vorteile	**Nachteile**
• Ruhe bei den Hausaufgaben • Vermeidung von Ablenkungen bei den Hausaufgaben • Übertragung der Verantwortung auf den Schüler	• Verführung groß, hinter geschlossener Zimmertür keine Hausaufgaben, sondern etwas anderes zu machen

Wichtige Hinweise:

! Erklären Sie dem Schüler den Gebrauch des Schildes genau!

! Sprechen Sie gegebenenfalls auch mit den Eltern darüber!

! Machen Sie dem Schüler klar, dass die Hausaufgaben, wenn das Schild hängt, ganz allein in seiner Verantwortung liegen. Er hat nun seine Ruhe, niemand wird stören. Das bedeutet aber auch, dass niemand kontrolliert, ob er wirklich arbeitet oder liest, spielt o. Ä.!

© AOL-Verlag

Stopp, was soll ich tun?

Ich lese mir die **Aufgabenstellung**
genau durch!

Wie gehe ich vor?

Ich zerlege die Aufgabe in kleine **Schritte**!

Schritt für Schritt zum Ziel!

Ich arbeite **sorgfältig** alle Schritte ab,
lasse mir Zeit und schreibe **ordentlich**!
Ich unterbreche meine Arbeit nicht!

Stopp, überprüfen!

Ich **lese** mir das, was ich erarbeitet habe,
noch einmal **in Ruhe** durch!
Alle **Fehler**, die ich jetzt finde,
kann ich noch verbessern!

Juhu – geschafft!

© AOL-Verlag

Stopp, was soll ich tun?

Ich lese mir die
Aufgabenstellung
genau durch!

Schreibe die Aufgabe in Stichpunkten auf:

_____

_____

_____

_____

_____

Wie gehe ich vor?

Ich zerlege die Aufgabe
in kleine **Schritte**!

Schreibe die Schritte auf, in denen du die
Aufgabe lösen willst!
Hake ab, was du erledigt hast!

Schritt 1: _____

_____

_____

Schritt 2: _____

_____

_____

Schritt für Schritt zum Ziel!

Ich arbeite **sorgfältig** alle
Schritte ab, lasse mir Zeit und
schreibe **ordentlich**!
Ich unterbreche meine
Arbeit nicht!

Schritt 3: _____

_____

_____

... _____

Stopp, überprüfen!

Ich **lese** mir das,
was ich erarbeitet
habe, noch einmal
in Ruhe durch!
Alle **Fehler**, die ich jetzt
finde, kann ich noch
verbessern!

Fehler gefunden?

☐ ja   ☐ nein

↓   ↓

**Fehler
verbessern!**   **Suche lieber
noch einmal!**

Juhu – geschafft!

© AOL-Verlag

Die Arbeitsregeln ohne (M21) oder mit Notizen (M22) sollen Ihrem AD(H)S-Schüler helfen, Aufgaben Schritt für Schritt strukturiert anzugehen. Die hohe Impulsivität und Hyperaktivität bei AD(H)S-Betroffenen führt zu einem zu schnellen „Loslegen", zu hektischem und schnellem Arbeiten. AD(H)S-Schüler sind meist die ersten, die ihre Aufgaben abgeben. Hier sollen die Arbeitsregeln ohne oder mit Notizen den Schüler abbremsen, die Konzentration auf die genaue Aufgabenstellung lenken und zu einem strukturierten Vorgehen Schritt für Schritt anleiten. Die Aufmerksamkeitsdefizite von AD(H)S-Schülern führen zudem häufig zu zahlreichen Flüchtigkeitsfehlern. Am Ende erinnern die Arbeitsregeln darum an ein sorgfältiges Überprüfen des Erarbeiteten.

Die Arbeitsregeln mit Notizen (M22) bieten die zusätzliche Möglichkeit, dass der Schüler die Aufgabe schriftlich vorstrukturieren kann. Dies ist insbesondere bei starken Konzentrationsproblemen sinnvoll, um

Kriterien für die Einzelfallabwägung	
Vorteile	**Nachteile**
• Erleichterter Überblick und bessere Struktur durch Aufteilung der Aufgaben in kleine Portionen • Förderung von strukturiertem Arbeiten (Arbeitstechnik) • Leichterer Zugang zu den Aufgaben • Unterstützung, um bei den Aufgaben zu bleiben • Erinnert an die Fehlerkontrolle vor der Abgabe	• Mögliche Ablenkung von der eigentlichen Aufgabe • zusätzlicher Zeit- / Arbeitsaufwand • zusätzliche Konzentration des AD(H)S-Schülers nötig • Risiko der Eintönigkeit → Arbeitsregeln werden dann genauso überlesen wie eigentliche Aufgabenstellung

den Faden nicht zu verlieren. Dieser Plan eignet sich insbesondere für eine nachträgliche oder zusätzliche Einführung.

Wichtige Hinweise:

☝ Gehen Sie die Regeln beim ersten Mal zusammen mit dem Schüler – am besten anhand einer Beispielaufgabe – durch!

☝ Stellen Sie sicher, dass der Schüler verstanden hat, wie die Regeln benutzt werden und welchen Nutzen sie bieten (**Transparenz**)!

☝ Arbeitsregeln mit Notizen eignen sich am besten für eine spätere Einführung, wenn das Prinzip und der Nutzen der Regeln verstanden wurden!

☝ Achten Sie bei den ersten Anwendungen auf positive Lernerfolge!
Nur so wird für den AD(H)S-Schüler der Nutzen verständlich und nachvollziehbar!

☝ Reflektieren Sie die Anwendung gemeinsam (**Methodenreflexion**)!

© AOL-Verlag

Hier sehen Sie ein Beispiel, wie ein Schüler der 6. Klasse die Arbeitsregeln mit Notizen für eine Aufgabenstellung im Fach Deutsch nutzen könnte:

**Aufgabenstellung
Fach Deutsch, 6. Klasse:**

In vier Bildern wird der Fahrradunfall von Paul dargestellt. Stell dir vor, du bist Augenzeuge des Unfalls! Schreibe einen Unfallbericht für die Versicherung in der Ich-Form!

Beispiel

Stopp, was soll ich tun?

Ich lese mir die **Aufgabenstellung** genau durch!

Schreibe die Aufgabe in Stichpunkten auf:
- *Unfallbericht schreiben*
- *Ich-Form*
- *für Versicherung*

Wie *gehe* ich *vor*?

Ich zerlege die Aufgabe in kleine **Schritte**!

Schreibe die Schritte auf, in denen du die Aufgabe lösen willst!
Hake ab, was du erledigt hast!
Schritt 1: *W-Fragen (Wer, Wo, Was ...) aufschreiben und beantworten*

Schritt 2: *Merkmale eines Berichts anschauen/in Erinnerung rufen*

Schritt 3: *Bericht schreiben*

...

Schritt für Schritt zum Ziel!

Ich arbeite **sorgfältig** alle Schritte ab, lasse mir Zeit und schreibe **ordentlich**! Ich unterbreche meine Arbeit nicht!

Stopp, *überprüfen*!

Ich **lese** mir das, was ich erarbeitet habe, noch einmal **in Ruhe** durch! Alle **Fehler**, die ich jetzt finde, kann ich noch verbessern!

Fehler gefunden?

☒ ja   ☐ nein

↓   ↓

Fehler verbessern!   **Suche lieber noch einmal!**

Juhu – geschafft!

© AOL-Verlag

Datum	Fach	Aufgabe	Wie lange werde ich ungefähr brauchen?	Wie lange habe ich tatsächlich gebraucht?	Warum habe ich mehr/weniger Zeit gebraucht?	Was kann/will ich das nächste Mal anders machen?

© AOL-Verlag

Nach 6–8 Stunden Schule fällt es nicht nur AD(H)S-Schülern schwer, sich auch noch auf die Hausaufgaben zu konzentrieren. So wird nebenbei eine Menge Zeit mit 1000 anderen Dingen vertrödelt und die Hausaufgaben werden als unendlich empfunden. Für Sie bedeutet dies, dass es in der nächsten Stunde Beschwerden hagelt, dass das alles wieder viel zu viel war, und/oder dass die Hälfte fehlt …

Darum profitieren Sie indirekt auch davon, die Erledigung der Hausaufgaben Ihrer Schüler zu optimieren.

Hierfür bedürfen Sie aber – insbesondere bei jüngeren Schülern – der Hilfe der Eltern, denen Sie folgende Tipps mit auf den Weg geben sollten:

- Das Kind/der Jugendliche benötigt einen festen Arbeitsplatz mit ausreichend Platz für Bücher, Hefte usw.
- Das Kind/der Jugendliche braucht Ruhe und ein reizarmes Klima ohne Fernseher, Radio, Computer, Handy und Familie oder Freunde im Hintergrund (Zimmertür zu, Stopp-Schild (M20) aufhängen).
- Die Eltern sollten ihre Hilfe begrenzen! Wenn das Kind/der Jugendliche Fragen hat, können sie helfen, sollten aber nicht die Hausaufgaben übernehmen. Viele Kinder/Jugendliche suchen nämlich durch die Hausaufgaben die Aufmerksamkeit der Eltern. Diese sollten Eltern ihren Kindern lieber nach den Hausaufgaben (dann aber wirklich) geben!
- Ermahnungen und Druck demotivieren – das Kind/den Jugendlichen selbst Verantwortung übernehmen lassen!

Wenn das Kind oder der Jugendliche viel mehr Zeit für die Hausaufgaben benötigt, als Sie dafür vorgesehen haben, sollte man konstruktiv nach den Ursachen und Lösungen suchen. Dabei hilft das Aufgaben-Zeit-Management (M23). Sagen Sie der Klasse, wie viel Zeitaufwand Sie für die Hausaufgaben erwarten! Dieser wird für die jeweilige Aufgabe in die entsprechende Spalte eingetragen. Nach Erledigung der Aufgabe wird die tatsächlich benötigte Zeit darunter eingetragen. Eine Stoppuhr kann hilfreich sein, um das mangelnde Zeitgefühl eines AD(H)S-Betroffenen auszugleichen.

Dann beginnt die Ursachenforschung, die der Betroffene allein oder mithilfe der Eltern durchführt: Warum hat die Aufgabe so lange gedauert? War er unkonzentriert, abgelenkt, mit anderen Dingen beschäftigt? War die Aufgabe zu schwer? Wenn ja, wo hat es gehakt? Daraus werden dann die Schlüsse und Vorsätze für die nächste Aufgabe abgeleitet: Was will er nächstes Mal ändern oder besser machen, indem er die Ursache abstellt (Handy weg/aus, Radio aus, erst eine halbe Stunde spielen, dann die Aufgaben machen, weil die Konzentration dann wieder besser ist …)?

Kriterien für die Einzelfallabwägung	
Vorteile	**Nachteile**
• Optimierte Durchführung der Hausaufgaben → Häufigere Erledigung der Hausaufgaben → weniger Beeinträchtigung des Unterrichtsflusses durch fehlende Hausaufgaben → weniger Frust bei den Hausaufgaben = bessere Lernerfolge durch bessere Nacharbeitung des Stoffes • Förderung der Selbstständigkeit der (AD(H)S-)Schüler	• Insbesondere bei jüngeren Schülern nur mithilfe der Eltern anwendbar • Hoher Zeitaufwand • Mögliche Überforderung des Kindes/Jugendlichen • Risiko, dass Schüler sich kontrolliert und unter Druck gesetzt fühlt → kein ehrliches Ausfüllen des Bogens

© AOL-Verlag

Wichtige Hinweise:

⚠ Beziehen Sie die Eltern wenn möglich in das (Haus-)Aufgaben-Management mit ein!

⚠ Stellen Sie sicher, dass der Schüler verstanden hat, warum er das Aufgaben-Zeit-Management (zusätzlich zu den Hausaufgaben) ausfüllen soll und welchen Nutzen dies für ihn hat (**Methodentransparenz**)!

⚠ Machen Sie deutlich, dass es sich um eine Hilfestellung, nicht um eine zusätzliche Kontrolle handelt, sonst macht der Schüler sich selbst, den Eltern und Ihnen etwas vor!

⚠ Begleiten Sie die Arbeit mit dem Aufgaben-Zeit-Management, indem Sie rückfragen und die Vorsätze für das nächste Mal konstruktiv begleiten!

⚠ Loben Sie auch kleine Erfolge!

Hier sehen Sie ein Beispiel, wie Eintragungen in das Aufgaben-Zeit-Management aussehen könnten:

Beispiel

Datum	28.6.2011	29.6.2011	30.6.2011	
Fach	Mathe	Deutsch	Mathe	
Aufgabe	Mathebuch S. 31, Nr. 3 und 4	Aufsatz über Ferienpläne schreiben	Mathebuch S. 32, Nr. 1 und 2	
Wie lange werde ich ungefähr brauchen?	20 Min.	30 Min.	20 Min.	
Wie lange habe ich tatsächlich gebraucht?	1 Stunde	2 Stunden	15 Min.	
Warum habe ich mehr/weniger Zeit gebraucht?	ich habe mit Marco SMS geschrieben	mir fiel nichts ein, also habe ich im Internet gesucht und dann gechattet	Aufgaben waren einfacher, als ich dachte	
Was kann/will ich das nächste Mal anders machen?	Handy ausmachen und mich ganz auf Mathe konzentrieren	Computer bleibt aus – Mama oder Schwester fragen	weniger Angst vor Mathe haben ☺	

© AOL-Verlag

Er meint es nicht böse!

Er leidet selbst am meisten unter seinem Verhalten!

Loben – Ermutigen – Bestärken!

Er würde sich selbst gern anders verhalten!

Teilerfolge anerkennen!

Ein „Nein" bleibt ein „Nein"!

Ich bleibe ruhig! Ich rege mich nicht auf!

Ich nehme sein Verhalten nicht persönlich!

© AOL-Verlag

Kontrolle!

Kontrolliere deine Aufgaben noch einmal sorgfältig! Suche Fehler!

STOPP!

Erst melden!
Erst reden, wenn du an der Reihe bist!

Vorn spielt die Musik!

Schau nach vorn!
Konzentriere dich auf den Unterricht!

Sag etwas!

Beteilige dich am Unterricht!

Es reicht!

© AOL-Verlag

Erinnerung!

Erinnerung!

Bewegungspause

Bewegungspause

© AOL-Verlag

TIME-OUT

Rote Karte

Gelbe Karte

© AOL-Verlag

Melden nicht vergessen!

Ich beteilige mich am Unterricht,
indem ich mich melde und etwas beitrage!

Konzentration!

Ich richte meine Aufmerksamkeit
auf den Unterricht!

Ich rede nicht mit
dem Nachbarn!

Erinnerung!

_____

_____

_____

_____

_____

_____

© AOL-Verlag

Im Kapitel 1.8. wurde erläutert, welche didaktisch-pädagogischen Maßnahmen wichtig für den Umgang mit AD(H)S-betroffenen Schülern sind und wie sie den Alltag für alle Beteiligten erleichtern können. Doch häufig sind diese „Ratschläge" leichter gesagt als getan. Immer eine positive Einstellung gegenüber dem Schüler zu bewahren, der Unterricht und Klassenraum auf den Kopf stellt, ist nicht ganz leicht. Immer konsequent zu sein ist auch nicht einfacher. Hier können die Erinnerungskarten für den Lehrer (M24) eine Hilfe sein. Versteckt in Tasche oder Etui erinnern sie Sie immer wieder unauffällig an das, was Sie sich vorgenommen hatten. Eingelegt oder eingeklebt in die Kursmappe oder den Lehrerkalender rufen sie ins Gedächtnis, dass positive Verstärkung hilfreicher ist als Tadel und Bestrafung.

Die Erinnerungskarten Lehrer → Schüler (M25) bieten ergänzend dazu die Möglichkeit, dem Schüler unauffällig kleine Nachrichten zukommen zu lassen, die ihn daran erinnern, was man zusammen beschlossen oder er sich vorgenommen hatte. Geht gar nichts mehr, können die Verwarnungskarten gezogen werden: Gelb als erste, Rot als zweite Verwarnung, Grün schließlich als die Ansage

Kriterien für die Einzelfallabwägung	
Vorteile	**Nachteile**
Erinnerungskarten Lehrer (M24)	
• Gute Hilfe zur Erinnerung an die eigenen Vorsätze	• Gefahr, dass der Lehrer sich „blöd" vorkommt, die Zettel in das Etui oder Kursheft zu kleben → Möglichkeit, sie unauffällig im Lehrerkalender oder zu Hause am Schreibtisch anzubringen
Erinnerungskarten Lehrer → Schüler (M25)	
• Unauffälliger als verbale Aufforderungen • Positive Verstärkung durch Aufforderung zu richtigem Verhalten und kein Tadeln des falschen Verhaltens	• Zusätzlicher Zeit-/Arbeitsaufwand für den Lehrer bei der Vorbereitung der Karten • Karten im entscheidenden Moment vielleicht nicht griffbereit – im Gegensatz zur eigenen Stimme, die immer parat ist
Erinnerungskarten Schüler (M26)	
• Übertragung von Eigenverantwortung an den Schüler • Stärkung der Selbstkontrolle des Schülers	• Risiko, dass Zettel/Karten schnell verloren gehen können → Möglicherweise nicht da, wenn der AD(H)S-Schüler sie bräuchte

zum Time-out. Für diese Karte wurde bewusst Grün und nicht Rot gewählt – das Time-out soll keine Strafe sein, sondern eine Lösung der Situation!

Als Hilfe zur Selbstkontrolle können dem Schüler die Erinnerungskarten Schüler (M26) übergeben werden. Damit kann sich der Betreffende selbst daran erinnern, was er sich vorgenommen hatte.

© AOL-Verlag

Wichtige Hinweise:

- Wollen Sie die Erinnerungskarten für einen Schüler einsetzen, unabhängig davon, ob Sie sie ihm bei Bedarf zeigen (M25) oder direkt zur Selbstkontrolle mitgeben (M26), besprechen Sie den Einsatz mit dem Betreffenden!

- Wählen Sie einige wenige Karten aus, die zum Einsatz kommen sollen – ein Zettelgewirr hilft niemandem weiter!

- Die gewählten ein oder zwei Karten sollten entweder bei Ihnen oder bei dem Schüler immer griffbereit sein bzw. im Sichtfeld liegen!

- Wenn Sie die Karten für den Schüler (M26) selbst benutzen, sollten Sie regelmäßig kontrollieren, dass diese noch vorhanden und während des Unterrichts für den Betreffenden sichtbar sind!

© AOL-Verlag

Nachricht an die Eltern

Ihre Tochter / Ihr Sohn _____ hat am _____
im Fach _____

☐ die Hausaufgaben nicht erledigt.
☐ die Hausaufgaben vergessen mit in den Unterricht zu bringen.
☐ das Heft / die Mappe vergessen.
☐ die Überarbeitung des Heftes / der Mappe nicht erledigt.
☐ das Buch vergessen.
☐ Arbeitsblätter verloren.
☐ das Klassenarbeitsheft vergessen.
☐ die Berichtigung der Arbeit nicht angefertigt.
☐ _____

Bitte unterstützen Sie Ihre Tochter / Ihren Sohn darin, oben genannte Dinge zu erledigen bzw. beim Packen des Schulranzens an oben genannte Dinge zu denken!

Datum: _____ Unterschrift Lehrkraft: _____

Zur Kenntnis genommen:

Datum: _____ Unterschrift Erziehungsberechtigte(r): _____

Nachricht an die Eltern

Ihre Tochter / Ihr Sohn _____ hat zum wiederholten Male

☐ den Unterricht gestört, indem sie / er _____

_____

☐ einen Mitschüler geschlagen.
☐ einen Mitschüler beleidigt / beschimpft.
☐ gegen die Schulordnung verstoßen, indem _____

_____

_____

☐ Bitte kommen Sie zu einem Gespräch in meine Sprechstunde _____!
☐ Bitte vereinbaren Sie einen Gesprächstermin!

Datum: _____ Unterschrift Lehrkraft: _____

Zur Kenntnis genommen:

Datum: _____ Unterschrift Erziehungsberechtigte(r): _____

© AOL-Verlag

An verschiedenen Stellen dieses Buches wurde schon auf die Wichtigkeit eines engen Lehrer-Eltern-Kontaktes und einer engen Zusammenarbeit aller Beteiligten hingewiesen. Im Alltag ist dies allerdings häufig nicht ganz leicht umzusetzen. Oft fehlt die Zeit, bei jeder Kleinigkeit eine Nachricht an die Eltern zu verfassen oder diese anzurufen. Um den Zeitaufwand zu verringern, können Sie die Vordrucke zur Elternmitteilung (M27) benutzen. Kreuzen Sie einfach kurz an, was Sie den Eltern mitteilen möchten, unterschreiben Sie und geben sie dem Schüler den Zettel mit.

Kontrollieren Sie am nächsten Tag, ob der Schüler den Zettel dabeihat und ob die Eltern ihn unterschrieben haben.

Kriterien für die Einzelfallabwägung	
Vorteile	**Nachteile**
• Arbeitsersparnis im Vergleich zur handgeschriebenen Mitteilung → Häufigere Mitteilungen an die Eltern möglich • Einsatz unabhängig von einer AD(H)S-Diagnose auch für andere Schüler möglich	• Für AD(H)S-Schüler noch ein Zettel mehr, an den sie denken müssen bzw. den sie vergessen können → Direkt ins Mitteilungsheft einkleben (sofern vorhanden) • Keine individuelle Mitteilung • Nicht alle denkbaren Fälle, in denen eine Mitteilung nötig sein könnte, abgedeckt

© AOL-Verlag

Zum Schluss ...

... möchten wir Sie mit einem Fallbeispiel konfrontieren, wie Sie es sicherlich auch aus Ihrem eigenen Schulalltag kennen und wie es mittlerweile fast jeden Tag in deutschen Klassenzimmern abläuft:

Martina S., Lehrerin

Für Martina S.* ist es morgens schon ein Horror, wenn sie nur daran denkt, ihre 6. Klasse zu betreten. Eigentlich hatte sie sich immer als sehr belastbar eingeschätzt, aber Tim führt sie in letzter Zeit einfach an ihre Grenzen. Auch heute kommt er wieder zu spät. Gerade hatte sie angefangen, über den bevorstehenden Wandertag zu sprechen, als er laut polternd die Klasse betritt. Er murmelt kurz eine Entschuldigung, dann haut er Florian, seinem Sitznachbarn, auf die Schulter, dass dieser fast vornüberkippt: „Morgen, Kumpel!", brüllt er. „Tim!" Martina S. versucht ruhig zu bleiben. „Wenn du schon zu spät kommst, verhalte dich doch bitte ruhig!" „Geht klar!", antwortet Tim lässig und schmeißt seinen Rucksack auf den Tisch. Als er den Stuhl vom Tisch zurückziehen will, schmeißt er ihn um. „Sorry!", stößt er kurz hervor. Martina S. stöhnt und, während Tim sich setzt, wendet sich wieder an die ganze Klasse: „Ich hatte gerade über den Wandertag gesprochen. Bitte reicht die Einverständniserklärung eurer Eltern nach vorn." „Scheiße", ruft Tim, der gerade seinen Ranzen auspacken wollte. „Die hab ich ja total vergessen!" Martina S. reagiert genervt: „Tim, so etwas sagt man nicht! Du hattest jetzt eine Woche Zeit, den Zettel unterschreiben zu lassen!" „Ich weiß überhaupt nicht, wo der ist!",

motzt Tim. Martina S. gibt ihm einen neuen, den er in die Tasche stopft. „Glaubst du, dass du ihn so wiederfindest?" „Was geht Sie das an? Ist doch mein Problem!", schleudert Tim ihr entgegen und guckt sie auffordernd an. Martina S. atmet tief durch, bevor sie ruhig sagt: „Ich lasse das jetzt mal unkommentiert." Nachdem die anderen Schüler ihre Zettel nach vorn durchgegeben haben, will sie mit dem Unterricht starten. „Tim, wärest du auch so gütig, deine Deutschsachen herauszuholen?" „Klar", antwortet Tim, der bislang aus dem Fenster gestarrt hatte. Er fängt an, in der Tasche zu kramen. „Mist, ich hab' meinen Hefter vergessen!", flucht er wieder. Martina S. notiert es in ihr Notenheft. „Du wolltest mir die Hausaufgaben von letzter Woche noch nachreichen, steht hier?!", sagt sie halb fragend, halb feststellend. Tim rechtfertigt sich: „Naja, klar, die sind auch im Hefter ..." „... und den hast du nicht mit?!", unterbricht Martina S. ihn. Tim kontert: „Das haben Sie haarscharf erkannt!" Martina S. platzt nun der Kragen: „Tim, so geht es nicht weiter! Gib mir dein Mitteilungsheft. Ich muss das für deine Eltern notieren!" Tim reicht ihr das Heft.

---

* Alle Namen sind frei erfunden.

© AOL-Verlag

Während sie anschließend versucht, mit den anderen die Hausaufgaben durchzusprechen, kippelt Tim mit dem Stuhl, kritzelt auf den Tisch und bufft immer wieder seinen Banknachbarn an. Martina S. versucht es zu ignorieren. Plötzlich springt Tim auf: „Da, auf der Fensterbank ist ein Vogel!" „Tim, wenn du schon die Hausaufgaben nicht dabeihast, verhalte dich doch wenigstens ruhig, damit die anderen etwas lernen können!", ruft Martina S., der langsam der Geduldsfaden reißt. Tim äfft sie tonlos nach und setzt sich wieder. Martina S. ignoriert es. Nach der Besprechung der Hausaufgaben teilt sie einen Grammatikzettel aus: „Ihr habt 10 Minuten Zeit, die Übungen zu lösen. Das ist alles Wiederholung, sollte also kein Problem sein!" Nach fünf Minuten sieht sie, dass Tim den Zettel bemalt. „Tim, was machst du da?" „Ich bin fertig!", mault Tim. „Darf ich mal sehen?", fragt sie. Tim hat zwar an jede Aufgabe etwas geschrieben, aber mit der Aufgabenstellung hat dies wenig zu tun. „Tim, was soll das? Kannst du nicht mal ordentlich arbeiten?" „Hab ich doch! Ist doch alles fertig!", sagt er aggressiv. „Aber das, was du hier stehen hast, hat doch nichts mit der Aufgabe zu tun?!", schimpft Martina S. „Wieso nicht?", will Tim wissen, doch darauf erhält er keine Antwort: „Tim, du hast nichts verstanden! Wenn du deine Hausaufgaben nicht machst und im Unterricht nicht zuhörst, ist das auch kein Wunder! Wie willst du so die Schule schaffen?" „Dann schaff ich sie halt nicht", brüllt Tim. „Was interessiert Sie das? Sie sind doch alle gleich! Immer bin ich das A..." „Gib mir dein Mitteilungsheft. Ich muss dringend mit deinen Eltern reden!", fordert Martina S. und notiert die Gesprächsbitte unter all die anderen Einträge ...

Diese Situationen kennen Sie wahrscheinlich nur zu gut, wenn Sie mit AD(H)S-Kindern und -Jugendlichen zu tun haben. Aber haben Sie auch schon einmal versucht, sich in das AD(H)S-Kind oder den AD(H)S-Jugendlichen hineinzuversetzen?

Tim K., 12 Jahre, Schüler der 6. Klasse

Tim hat nach dieser Deutschstunde (wieder einmal) Angst, nach Hause zu gehen. Zum Glück sind die Eltern noch nicht da. In der Küche trifft er nur seine große Schwester Marie, die schon siebzehn ist und ihm sofort ansieht, dass etwas los ist. „Was soll ich nur machen?", fragt Tim verzweifelt. „Immer bin ich das A... in der Schule. Die *Deutschtussi* kann mich nicht ab. Nur weil ich heute Morgen mal ein paar Minuten zu spät gekommen bin, hat sie einen Riesenaufstand gemacht. Und dann ist mir der Stuhl umgefallen ..." „*Mal* zu spät?", hakt seine Schwester stirnrunzelnd nach. „Ja, Mann, was soll ich denn machen?!", sagt Tim mutlos. „Es passiert mir halt immer wieder ... Ich weiß überhaupt nicht, wie andere das schaffen, da immer pünktlich zu sitzen?! Und dann hab ich meinen Hefter vergessen, weil ich mich ja heute Morgen so beeilt hab, weil ich eben nicht zu spät kommen wollte. Und da waren ja auch noch die Hausaufgaben von letzter Woche drin, die ich nachreichen sollte. Was muss die Alte das auch gleich wieder ins Mitteilungsheft schreiben?! Das ist total ungerecht!" „Und deswegen sollen Mama und Papa zum Gespräch?", fragt seine Schwester ungläubig. „Nee, nicht nur ...", räumt Tim kleinlaut ein. „Als die die Hausaufgaben verglichen haben, war mir total langweilig. Dieses ewige Stillsitzen ... Aber bei dem Arbeitsblatt hab ich mir echt Mühe gege-

© AOL-Verlag

ben. Das war total schwer und die Aufgabenstellung superlang und kompliziert. Ich war auch als erster fertig, keiner war so schnell wie ich. Trotzdem hat die S. mich wieder nur angemeckert und dann hat sie voll den Tobsuchtsanfall gekriegt, von wegen, so schaff ich die Schule nicht, und so. Die anderen lobt sie immer, wenn sie als erstes fertig sind, und ich krieg' immer nur eins drauf. Ich weiß überhaupt nicht, was die von mir will. Ich versuch doch immer alles richtig zu machen … Und von Mama und Papa krieg ich jetzt erst richtig Ärger. Die regen sich wieder total auf. Dabei geb' ich mir echt Mühe. Ich will nicht, dass immer alle auf mich böse sind …"

Dieser Tag hätte für alle Beteiligten auch anders aussehen können …

Martina S., Lehrerin

Martina S. atmet noch einmal tief durch. Gleich hat sie in der 6. Klasse Deutsch. Da muss sie sich immer erst noch einmal konzentrieren, bevor sie Tim, ihrem AD(H)S-ler gegenübertritt: ,Er meint es nicht böse! Er kann nicht anders! Denk an die positive Verstärkung …' Sie betritt die Klasse. Die Schüler sitzen auf ihren Plätzen und kramen in ihren Taschen. Und ja, auch Tim sitzt. Er hat auch tatsächlich schon seinen Tisch-Plan für die Deutschstunde aufgeschlagen. Das Deutschbuch liegt schon draußen, er kramt gerade nach seiner Mappe. ,1. Smiley', notiert sich Martina S. in Gedanken. Nach dem obligatorischen „Guten Morgen!" fragt sie, ob jemand die Hausaufgaben nicht hat. Tim ruft sofort hinein: „Ich hab' nur die Hälfte geschafft!" Martina S. hebt den Finger zum verabredeten Zeichen, dass Tim sich erst melden muss, und nimmt einen anderen Schüler dran. Tim hebt den Finger und dann nimmt sie ihn dran. „Es war zu schwer, ich hab nur eine Aufgabe geschafft!" „Schade", sagt Martina S. ruhig, „aber wir sind auf einem guten Weg, Tim!" Bei der ersten Aufgabe kann Tim sich noch beteiligen, aber die zweite hat er nicht. Als er anfängt mit dem Stuhl zu kippeln, greift Martina S. zu der Erinnerungskarte ,Vorn spielt die Musik' und legt sie Tim kommentarlos auf den Tisch, sodass er sie sieht. Tim kippt mit dem Stuhl nach vorn: „Oh, Mann!", stöhnt er, weiß er doch, dass ihm ein weiterer Belohnungspunkt „flöten" gegangen ist. Zum Glück dauert die Besprechung der Aufgabe nicht mehr allzu lang … Dann teilt Martina S. einen Grammatikzettel aus, Tim bekommt zusätzlich ein Blatt mit Arbeitsregeln. Während des Austeilens aber fängt Tim an, seinen Nachbarn zu buffen und zu ärgern. „Tim", fragt Martina S., „möchtest du eine Bewegungspause?" „Nö, ist o.k." Tim stellt sein Verhalten ein, nimmt den Zettel mit den Arbeitsregeln. Dann beginnt er die Aufgabenstellung zu lesen. Dann liest er sie wieder. Er fragt seinen Nachbarn und schon beginnt eine muntere Unterhaltung der beiden, wie „blöd" deutsche Grammatik ist. Martina S. geht zu Tim und fragt ihn, was ihm an der Aufgabe schwerfällt. Sie unterteilt ihm die Aufgabenstellung in kleinere Einheiten. Tim versteht und fängt an zu arbeiten. Die Arbeitsregeln hat er dabei vergessen und ist als erster fertig. Er springt auf, rennt zu Martina S. „Tim, du wolltest dich melden, wenn ich kommen soll!", ermahnt sie ihn freundlich. „Sorry! – Aber ich bin fertig!" Martina S. schaut gar nicht auf sein Arbeitsblatt. „Hast du alles noch einmal kontrolliert?", fragt sie. Tim schüttelt den Kopf und geht – etwas enttäuscht – zu seinem Platz zurück. Seine Konzentration ist jetzt aber wirklich am Ende.

Während der Besprechung der Aufgaben malt er alle „A" und „O" auf seinem Arbeitsblatt aus. Unauffällig nähert sich Martina S. ihm auf ihrem Weg durch die Klasse und legt ihm die Hand auf die Schulter. Tim versteht und hört auf zu malen. Wenig später aber sieht Martina S., dass er in die Luft starrt und mit dem Bein unter dem Tisch wippt. „Ups", sagt Martina S. und lässt die Kreide fallen. „Da brauche ich wohl neue ... Tim kannst du mal eben im Raum nebenan nachfragen, ob die uns noch Kreide leihen können?" Tim springt auf: „Klar, mach ich!" Schon ist er weg. Martina S. atmet tief durch, noch fünf Minuten ... Die schaffen wir jetzt auch noch ...

Tim K., 12 Jahre, Schüler der 6. Klasse
Als Tim nach Hause kommt, sind seine Eltern noch nicht da. In der Küche trifft er seine große Schwester Marie. „Wie war's in der Schule?", fragt sie. „Och, geht", antwortet Tim. „Gab heute in Deutsch leider nur einen Belohnungspunkt." „Dann schaffst du es wohl nicht mehr, die Punkte für den Zoobesuch bis zum Wochenende zusammenzukriegen? Schade, ich wär' auch gern mitgekommen ..." „Kannst ja selbst Punkte sammeln!", motzt Tim. „So war das gar nicht gemeint! Es gibt auch noch ein nächstes Wochenende! Kein Stress!" Zwar ist Marie schon enttäuscht, aber die Eltern haben ihr eingeschärft, Tim bloß nicht unter Druck zu setzen. „Das wollen wir mal sehen!", sagt Tim und rennt in sein Zimmer. Marie will ihm hinterher, doch da hat Tim seine Zimmertür schon hinter sich zugeworfen. An der Tür hängt das Schild „Stopp – ich mache Hausaufgaben!" Marie seufzt, denn sie weiß, jetzt ist der Zutritt strengstens verboten.

Dieses Beispiel vermittelt einen Eindruck davon, dass auch dieses Buch kein Allheilmittel ist, und wir möchten Ihnen da auch nichts vormachen: Der Umgang mit AD(H)S-Schülern wird immer anstrengend bleiben. Aber in diesem Buch finden Sie Anregungen, Tipps und Hilfen, wie Sie die schwierige Situation trotzdem meistern können und nicht mehr tatenlos zusehen müssen, wie die Klasse und Ihr Unterricht auseinandergenommen werden. Und nach und nach werden Sie dabei feststellen, was AD(H)S-Betroffene bereit sind, für **Sie** zu leisten, weil Sie sie nicht als hoffnungslosen Fall abstempeln, sondern bereit sind, mit ihnen zu arbeiten! Bedenken Sie, dass AD(H)S-Betroffene hoch emotional sind: Sie werden es Ihnen vielfach danken! Also, nehmen Sie diese Herausforderung an und seien Sie ein Lichtblick!

Alles Gute!

© AOL-Verlag

Referenzen

- Barkley, R. A., Fischer, M., Edelbrock, C. S., Smallish, L. (1991): The adolescent outcome of hyperactive children diagnosed by research criteria – III. Mother-child interactions, family conflicts and maternal psychopathology. In: Journal of Child Psychology and Psychiatry 32, S. 233–255.
- Deutsche Gesellschaft für Kinder- und Jugendpsychiatrie und Psychotherapie, Berufsverband der Ärzte für Kinder- und Jugendpsychiatrie und Psychotherapie in Deutschland, Bundesarbeitsgemeinschaft der leitenden Klinikärzte für Kinder- und Jugendpsychiatrie und Psychotherapie (2007): Leitlinien zur Diagnostik und Therapie von psychischen Störungen im Säuglings-, Kindes- und Jugendalter. 3. überarb. und erw. Aufl. Köln: Deutscher Ärzte-Verlag.
- Döpfner, M., Schürmann, S., Lehmkuhl, G. (1997): Hyperkinetische Störungen. In: Petermann, F. (Hrsg.). Fallbuch der klinischen Kinderpsychologie und -psychotherapie. Göttingen, Bern, Toronto: Hogrefe-Verlag, S. 35–58.
- Döpfner, M., Frölich, J., Lehmkuhl, G. (2000): Hyperkinetische Störungen. Leitfaden Kinder- und Jugendpsychotherapie, Bd. 1. Göttingen, Bern, Toronto: Hogrefe-Verlag.
- Döpfner, M. & Lehmkuhl, G. (2003). Hyperkinetische Störungen (F90). In: Deutsche Gesellschaft für Kinder- und Jugendpsychiatrie und Psychotherapie, Berufsverband der Ärzte für Kinder- und Jugendpsychiatrie und Psychotherapie in Deutschland, Bundesarbeitsgemeinschaft der leitenden Klinikärzte für Kinder- und Jugendpsychiatrie und Psychotherapie (Hrsg.): Leitlinien zur Diagnostik und Therapie von psychischen Störungen im Säuglings-, Kindes- und Jugendalter. 2. überarb. Aufl. Köln: Deutscher Ärzte-Verlag, S. 237–249.
- Grund, T., Schäfers, A., Teuchert-Noodt, G. (2008): Zur morphogenen Wirkung von Transmittern und Psychostimulanzien in der Gehirnentwicklung bei ADHS-Betroffenen. In: Bonney, H. (Hrsg.): ADHS – Kritische Wissenschaft und therapeutische Kunst. Heidelberg: Carl Auer Verlag, S. 96–117.
- Krumm, V. (2000): ‚Erziehungsverträge mit Eltern‘ oder ‚Verhaltensverträge mit Schülern‘? Zur Diskussion über einen Vorschlag der Unterrichtsministerin. In: Erziehung und Unterricht 1/2, S. 151–172.
- Lauth, G. W., Naumann, K. (2009): ADHS in der Schule. Übungsprogramm für Lehrer. Weinheim, Basel: Beltz Verlag.
- Lehmkuhl, G., Döpfner, M. (2003): Aufmerksamkeitsdefizit-/Hyperaktivitätsstörungen (ADHS). In: Herpertz-Dahlmann et al. (Hrsg.). Enwicklungspsychiatrie: Biopsychologische Grundlagen und die Entwicklung psychischer Störungen. Stuttgart: Schattauer, S. 524–540.
- Lojewski, I., Wissmann, B., Höger, C., Rothenberger, A., Havemann-Reinecke, U. (2002): Sind mit Methylphenidat therapierte Menschen einem erhöhten Missbrauchs- und Abhängigkeitsrisiko ausgesetzt? In: Richter, G., Rommelspacher, H., Spies, C. (Hrsg.): Alkohol, Nikotin, Kokain ... und kein Ende? Suchtforschung, Suchtmedizin und Suchttherapie am Beginn des neuen Jahrzehnts. Lengerich u.a.: Pabst Science Publishers, S. 457–463.
- Neuhaus, C. (1996): Das hyperaktive Kind und seine Probleme. Ravensburg: Ravensburger Buchverlag.
- Rossi, P. (2004): ADHS-Checkliste (Kinder), zu finden unter: http://dtserv2.compsy.uni-jena.de/ws2009/ssepaed_uj/37437560/content.nsf/Pages/69AA8ED31CCA0052C12576AF005E-B02A/$FILE/ADHS.Checklist.pdf (10.01.2012).
- Scahill, L., Schwab-Stone, M., Merikangas, K. R., Leckman, J.F., Zhang, H., Kasl, S. (1999): Psychosocial and clinical correlates of ADHD in a community sample of school-age children. In: Journal of the American Academy of Child and Adolescent Psychiatry 38, S. 976–984.
- Schäfer, U. (2000): Musst du dauernd rumzappeln? Die hyperkinetische Störung. Ein Ratgeber. Bern, Göttingen, Toronto, Seattle: Verlag Hans Huber.
- Schäfers, A., Grund, T., Teuchert-Noodt, G. (2005): Das Syndrom der Aufmerksamkeits-Defizit-(Hyperaktivitäts-)Störung (AD(H)S) aus neurobiologischer, neuropharmakologischer und schulpädagogischer Sicht.
  - Teil I: Definition – Symptome – Ursachen. *ZNS & Schmerz* 2/05, S.6–23.
  - Teil II: Diagnostik – Therapie – Methylphenidat (Ritalin®). *ZNS & Schmerz* 3/05, S. 6–16.
  - Teil III: Methylphenidat (Ritalin®) und Schulleistungen – Pädagogische Konzepte. *ZNS & Schmerz* 4/05, S. 6–14 (zu bestellen unter *www.mdmverlag.com*).
- Solanto, M. V. (2002): Dopamine dysfunction in AD/HD: integrating clinical and basic neuroscience research. In: Behavioural Brain Research 130, S. 65–71.
- Spencer, T., Biedermann, J., Wilens, T., Harding, M., O'Donnell, D., Griffin, S. (1996): Pharmacotherapy of attention-deficit hyperactivity disorder across the life cycle. In: Journal of the American Academy of Child and Adolescent Psychiatry 35, S. 409–432.

© AOL-Verlag

Weitere Literaturempfehlungen

- Bonney, H. (Hrsg.) (2008): ADHS – Kritische Wissenschaft und therapeutische Kunst. Heidelberg: Carl Auer Verlag.
- Czerwenka, K. (Hrsg.) (2002): Das aufmerksamkeitsgestörte und hyperaktive Kind. Ursachen, didaktische Konzepte, schulische Hilfen. 2. aktual. und erw. Aufl. Weinheim, Basel: Beltz Verlag.
- Döpfner, M., Frölich, J., Wolff Metternich, T. (2007): Ratgeber ADHS: Informationen für Betroffene, Eltern, Lehrer und Erzieher zu Aufmerksamkeitsdefizit-/Hyperaktivitätsstörungen. 2. aktual. Aufl. Göttingen, Bern, Toronto: Hogrefe-Verlag.
- Droll, W. (2000): ADD kann man sichtbar machen. Neurophysiologische und neuropsychologische Aspekte bei Attention Deficit Disorder (ADD). In: Fitzner, T., Stark, W. (Hrsg.): ADS: verstehen – akzeptieren – helfen. Weinheim, Basel: Beltz Verlag, S. 161–183.
- Drüe, G. (2007): ADHS kontrovers – Betroffene Familien im Blickfeld von Fachwelt und Öffentlichkeit. Stuttgart: Verlag W. Kohlhammer.
- Farnkopf, R. (2002): ADS und Schule. Tipps für Unterricht und Hausaufgaben. Weinheim, Basel: Beltz Verlag.
- Hüther, G., Bonney, H. (2010): Neues vom Zappelphilipp: ADS verstehen, vorbeugen und behandeln. Düsseldorf, Zürich: Patmos.
- Imhof, M., Skrodzki, K., Urzinger, M. S. (2010): Aufmerksamkeitsgestörte, hyperaktive Kinder und Jugendliche im Unterricht. Staatsinstitut für Schulpädagogik und Bildungsforschung München. 8. Aufl. Donauwörth: Auer Verlag.
- Lauth, G. W., Mackowiak, K. (2004): Unterrichtsverhalten von Kindern mit Aufmerksamkeitsdefizit-/Hyperaktivitätsstörungen. Kindheit und Entwicklung 13, S. 157–166.
- Lehmkuhl, G., Frölich, J., Sevecke, K., Döpfner, M. (2009): Aufmerksamkeits- und Hyperaktivitätsstörungen im Kindes-, Jugend- und Erwachsenenalter. 3. Aufl. Bremen: UNI-MED Verlag.
- Neuhaus, C. (2000): Das ist ja wieder typisch! ADS beim Jugendlichen und jungen Erwachsenen. In: Fitzner, T., Stark, W. (Hrsg.): ADS: verstehen – akzeptieren – helfen. Weinheim, Basel: Beltz Verlag, S. 91–117.
- Neuhaus, C. (2009): ADHS bei Kindern, Jugendlichen und Erwachsenen. Symptome, Ursachen, Diagnose und Behandlung. 2. Aufl. Stuttgart: Verlag W. Kohlhammer.
- Schröder, A. (2006): ADS in der Schule. Handreichungen für Lehrerinnen und Lehrer. Göttingen: Vandenhoeck & Ruprecht.

Internet-Links

- Leitfaden des Hamburger Arbeitskreises ADS und ADHS: http://www.hamburger-arbeitskreis-ads.de/fileadmin/ADHS/Regionale_Netze_eigene_Homepages_/Hamburger_Arbeitskreis_ADS_ADHS/Leitfaden_HAK_1_.pdf
- Leitlinie der Arbeitsgemeinschaft ADHS der Kinder- und Jugendärzte e.V.: www.ag-adhs.de/uploads/Leitlinie2009.pdf
- Informationen zu ADHS für Betroffene, Eltern und Lehrkräfte mit einem Extra-Teil zu ADHS in der Schule: www.info-adhs.de/
- Website der Elterngruppe ADS-Hyperaktivität Frankfurt am Main (mit Hinweisen und Hilfen auch für Lehrer: http://www.ads-hyperaktivitaet.de/Ubersicht/Impressum/impressum.html
- Internetseite zu allem Wissenswerten rund um Gehirn und Lernen mit einem Extra-Teil zu Lern- und Entwicklungsstörungen (u. a. AD(H)S, Dyskalkulie, Legasthenie): www.gehirnlernen.de

Kontaktadressen – Wo finden Sie oder die Eltern weitere Hilfe?

- Der ADHS-Deutschland e.V. bietet Kontaktadressen und Beratungsangebote in jedem Bundesland an: www.adhs-deutschland.de/
- Beim Zentralen ADHS-Netz finden Sie ausführliche Informationen für Betroffene, Eltern und Pädagogen sowie regionale Ansprechpartner auch in Ihrer Region: www.zentrales-adhs-netz.de Hier geht es zur Karte mit bundesweiten Kontaktadressen: www.zentrales-adhs-netz.de/regionale-netze.html

© AOL-Verlag